嘴巴失控了

青少年導師求生手記

伍詠光　楊安琪 著

嘴巴失控了——青少年導師求生手記
作者／伍詠光　楊安琪
總編輯／黃幗坤
責任編輯／伍詠慈
美術設計／劉碧雲
出版發行／突破出版社
香港沙田亞公角山路 33 號突破青年村
電話：2632 0000　傳真：2632 0388
電郵：breakthrough@breakthrough.org.hk
網址：http://www.breakthrough.org.hk
http://www.btproduct.com
承印／陽光（彩美）印刷有限公司
2012 年 10 月初版 1 刷
2017 年 11 月初版 3 刷

A Growth Manuel For Youth Workers
by Ng Wing-Kwong, Ringo & Yeung Onki
First Printing, First Edition, October 2012
Third Printing, First Edition, November 2017

Printed in Hong Kong
ISBN 978-988-8073-71-9

本書經文取自《聖經和合本》，版權為香港聖經公會所有，承蒙允准採用，特此鳴謝。

本書採用環保油墨印刷

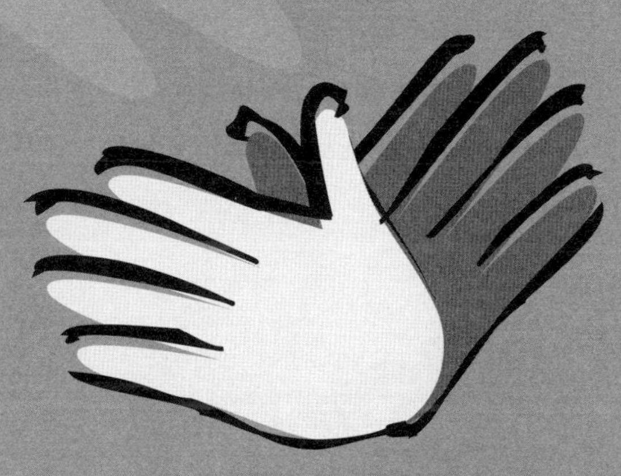

栽培新一代

年輕的心 驛動卻美麗

認識 貼近

關愛 同行

建造新一代更動人的生命

目錄

誰繫少年心｜梁永泰 6

同行的挑戰｜陳兆焯 8

承傳的經驗，更大的祝福｜梁柏堅 10

祈禱出來的工程｜伍詠光 12

上帝打造的青少年同行者｜楊安琪 16

使用說明 18

接近階段

01 放下你的意圖吧 22

補給站 溝通 —— 不可能的任務 34

02 我不成長，她怎成長？ 38

補給站 不再是小孩 54

03 花時間為心靈備課 62

建立信任階段

04 把耳朵放到他心底 80

補給站 E 世代的溝通模式 100

05 生命成長不能催迫 112

補給站 愛要怎麼說 128

06 不能少的是同行 138

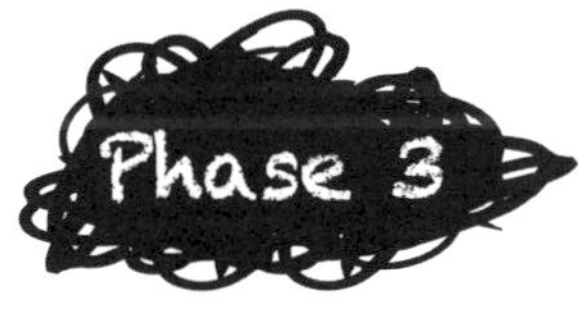

深入同行階段

07 沒有一人工程 154

補給站 失控了！ 165

08 誰能判斷何謂最好 172

補給站 情緒探熱針 188

09 這原是我生命的工程 200

後記 214

同行者的成長歷程｜楊安琪 215

不可能的使命｜伍詠光 219

誰繫少年心

少年人的煩惱

「突破」曾在上海中央圖書館舉辦一個名為「聽聽少年心底夢」的展覽，共 25 萬上海少年人參加。入圍的作品，內容主要是描述父母怎樣給予子女「窒息」的愛、限制自由的愛和太大期望的愛。

香港少年人經歷了「校園驗毒計劃」、畢業生難找工作、青年置業夢想遙遠、社會資源被上一代掠奪，青年人滿肚子是氣。難得藉社會議題如建高鐵、國民教育、維港填海、天星碼頭拆建等機會，作大反擊，對成人社會和建制來個大控訴。

父母的煩惱

在多倫多，當世界貿易組織在市中心開會討論得如火如荼，示威青年對抗日增，住在 uptown 的華裔父母，尤其是華人信徒父母，都嚴正勸喻與阻止子女南下參加示威，恐影響子女的前途；子女卻不明白為何不可以表達自己對建制的意見。

在多倫多，華人移民父母恐怕子女不能在英語世界下生存，又怕他們失掉中國文化的根，所以雙管齊下，什麼「虎媽」和「怪獸父母」全跑出來，令外國人咋舌。

在香港，父母覺得下一代太心散、玩電子遊戲過多、交朋友太雜、讀書補習不夠、自理能力不足、沒有方向感、沒有成熟的承擔，對家人漠不關心，活像一班寄生蟲。

另一方面，失去文革十年的上海父母，只有一個獨生子女，除了卯足全力提供最好的教育機會和物質供應。他們對子女的期望很高，在父母眼中，孩子永遠是不及格的、不夠勤力、不夠上進。

兩代水火不容，青年導師、青年工作者置身其中可以怎樣？可以成為兩代的橋樑嗎？可以進入少年的內心，明白他們靈魂的吶喊嗎？這本書道出兩位青少年導師的心路歷程，嘗試拆解兩代溝通的死結，值得關心青年人的讀者一閱。

梁永泰

突破機構總幹事

同行的挑戰

我家養了兩頭小狗，看着牠們一路成長，我發現動物比人更快成熟。狗兒一出生，很早便會行會跑，大小二便、吃東西、戲耍，就像成犬一樣。但人的成長就困難得多，年幼時要多人照顧，到了青少年又進入風暴期。我不禁發出疑問，是否我們對動物的要求很低，但對人的要求就高很多，而做成這些困難？人成長有很多變數，環境會影響他們，他們亦會不斷改變。我相信每一個少年人在成長過程都會遇上困難，很多時是自己既不明白，也無人能明白。

工業革命以前的農村時代，基本上沒有「青少年」，只有小孩與成人。當孩子長大到某個年紀，會肩負起成人的責任。但當社會進步，我們成長到某個年紀，要讀書學習，累積知識，形成一個階段稱為青少年期。這時，青少年長大到具備成人的能力，例如生殖能力，但在社會卻無成人身分，是一種尷尬的處境。隨着社會改變，青少年更要好好裝備面對複雜的社會要求。

我相信只要給予青年人適當機會，他們會快速成長。但社會或出於保護、或誤解、或是想控制，沒有提供機制讓這羣青年人好好成長；由於缺乏機會，他們容易變得迷惘，畢竟他們已具備成年人的能力，或很快會具備成年人的能力，但在社會上仍要依賴成年人。青年人在拉扯的壓力下，很容易出現情緒、混淆，陷入迷失的狀態，感覺自己不受控、沉悶，跌入困局。青年人更出現了很多成年人眼中看作不成熟、不可理喻的行為。有人批評現今青年人浪費時間在網上，但試問哪個成人不用電腦、工作不用上網？青年人的生活有時很單一化，社會未能給予機會發揮。面對單一化的世界，難怪他們轉投網絡上的精彩世界，較現實生活來得自主、豐富同受控。

如何幫助青年人走這段路？很多人提出「同行」。同行有兩個意義：一是存在、分享、認同，我們正需要理解青年人的內心世界；但同行另有一層意義，是支持正面的方向，不只認同，也分享同一的方向。

我覺得青少年工作者要滿足同行的兩個意義，明白和分享共同方向，這是我們的責任。但這責任也挑戰青少年工作者，我們有無自己的方向、是否願意與青年人同行？有時我們有意識或無意識地，處於迷失、半迷失的狀態。我們的生活因循、無自主權、感到被壓制。如果我們的生命不感到自由，又怎能與青年人分享真正的自由？

陳兆焯

基督教正生書院校長

承傳的經驗，更大的祝福

這本書由一個工作坊開始，講授如何有效與青少年溝通。負責人兼本書作者安琪説，我是這個工作坊的「開山祖師」，聽着聽着，實在是慚不敢當。

其中最不對題的一點是，我從來沒有擔當過青少年導師這個職務。

我本來是一個書籍編輯，和青年人的接觸，始自互聯網高速發展的世紀交接期。當時我轉職參與機構新開展的互聯網事工，一方面製作多媒體內容、策劃研發類似今天 Facebook 的社交網絡平台；另一方面亦投入與青少年網友的交流，建立網上羣體，包括設計了一個名為「師傅過招」的網上信箱。這些頻繁的網上接觸、聆聽和交流，把我牽進一個廣闊的青年人世界，亦刺激我思考，為什麼今日的青年人常被誤解？怎樣的溝通方式才是合宜的？這些反思也成為日後這個工作坊的基礎。

但基礎只是基礎，那不過是翻泥撒種澆灌的工作，真正使這個工作坊開花結果的，是上帝在安琪身上的工作，以及安琪在這過程中的成長。當我一步一步退下來，讓安琪接手，加上

Ringo 的參與，我已預視到這個工作坊如何成為更大祝福。

從來，把不可名狀的情緒寫下來，或是把流水般的體會用文字記下來，這些難以捉摸的經歷和想法就會變得具體，成為可傳遞的經驗、可累積的知識。這不單是「師傅過招」信箱最核心的信念，也是這本書要為你留下來的寶藏。

梁柏堅

《突破書誌 Breakazine!》編輯顧問

祈禱出來的工程

公車上的禱告

五年來「突破領袖訓練中心」一直舉辦「與青少年有效溝通」課程，這三年由我與安琪合作主持。一天上班時，我在公車上祈禱。禱告之際，心裏驀然冒起一個意念：「何不將課程轉化成一本書，就可以討論得更深入，受益的人更多？」回到辦公室，立即在 Facebook 向安琪發信息：

> 2011 年 3 月 28 日
> onki
> 今早想起一件事，邀請你一起祈禱，不知神會否帶領我們出一本書，講如何與青少年人溝通嗎？哈哈。
> ringo

安琪在數小時後回覆：

> 很開心收到你這個邀請，昨天也閃過相同的念頭，當時仲諗，要將 d cases 寫出來，我班細路會唔會打我呢？哈哈～～
> 祈禱吧，看是否有可能。 :)

我立刻回覆：

> thanks to God. It's in God's time. let's pray about it.
> keep talking about this.

討論就此完結了。

不約而同，突破出版部在四月也留意到這個課程，並考慮有否機會成書。當時編輯詠慈主動向我提起，真巧啊！不過，當時我仍舊覺得要禱告等候。直至 2012 年初，我們感覺時候到了，再跟詠慈商量。三月份，我們終於撰寫了書目大綱。足足一年時間，我們就如此祈禱等候。這本書就是由「與青少年有效溝通」課程發展出來的。

我深深領會，青少年工作不是策劃出來的，是祈禱出來的。

笑傲江湖

金庸小說《笑傲江湖》裏描寫了兩個迥然不同的武林宗派：劍宗和氣宗。「劍宗」，顧名思義，着重劍法，入門方式是教弟子如何用劍。「氣宗」弟子一入門，先蹲三年馬步，從理論開始學習，着重內功心法。我和安琪都希望這本書帶給讀者「氣宗」的精神。現代資訊爆棚，訓練課程琳琅滿目，方法千百萬種；可是，徒有招式，沒有內功心法；空有姿勢，沒有實際，反而容易被醒目的青少年揭穿你的把戲。

如果你在這本書找不到「溝通十式」、「五種改善與青少年關係的速成法」，對不起！的確是欠奉的。本書只想藉一些真實故事，引入思考和反省；作者分享親身經歷，甚至透露「衰過」的地方，讓讀者引以為鑑。如果你發現故事中有你的影子，不要驚訝，毋須對號入座。

不錯，這本書其實要關注「你」作為同行者的成長。青少年工作，是從「心」出「法」。要保守你的心，有健康的心靈空間去盛載青年人，就不可忽視你自己的成長。

非個人工程

每個事工、每本書的面世，絕非一人工程。我們（青少年如是）都是活在羣體中、工作於羣體中。我感謝有份提供意見的好友，如阿魚、阿樂、Eric、子健、醒強、Kurt 和 Ronald；又感謝「突破領袖訓練中心」的 Jennifer，她一直熱心推動這事工。感謝突破設計部的 Joel 繪畫出生動的插圖；感謝幾位我很欣賞的青少年工作者為我們寫序：梁永泰博士、陳兆焯校長及梁柏堅先生；當然還有我的拍檔，作者安琪，我們既是拍檔，也是好朋友。最後，要感謝編輯詠慈，這本書不容易編的，兩個作者風格迥異，內容瑣碎繁多；要有故事、有趣味、又要實用，好不簡單啊！

最後，我更要感謝曾與我同行的一羣青少年（今日有些已經成為他人的導師），其實你們才是我的同行者，從你們身上我學了很多、成長很多。

我想將這本書獻給所有青少年同行者，不論你是父母、老師、教會牧者、社工導師，甚至其他長輩。你們是膽大包天的，竟然踏上這條青少年工作的不歸路。我欣賞你們，也祝福你們。

你的弟兄

Ringo 詠光

2012 年 8 月

上帝打造的青少年同行者

這本書於我而言確實是個神蹟！在寫作時，我回顧過去十年的經歷，更清楚發現原來上帝一步一步拖帶着我，親手「打造」我成為合乎祂用的青少年同行者。

我天生對人不敏感、不容易代入別人處境去理解人。我性格急躁、很有主見，未聽清楚就開口，這是我過往的模樣。當投身青少年工作不久，我竟然患上了抑鬱症，四年來斷斷續續被低落情緒折磨。但上帝卻用祂奇妙的手醫治我，並送我一份從抑鬱症而來的禮物——一顆對人敏感、很容易代入別人處境的肉心。抑鬱的經歷叫我深深體會人的軟弱和限制，也開闊了我包容、體諒他人的心。靠着這顆肉心，我聆聽了很多青年人、抑鬱症患者及在各樣困境中的人的心聲。當我以為幫不上什麼忙時，他們卻一次又一次肯定我；上帝的確給我特別的恩賜，使用我不多的回應叫他們得着安慰和幫助。我確信作工的不是我，乃是天父在引領我。

2006 年，我接手「突破」的網上青少年信箱「師傅過招」，回答青年人的來信，也運用我那顆極之敏感的心，檢視其他「師傅」的回信，以免出現不恰當的回應。在過程中，我發現回信內容不但暴露了回信者表達技巧上的問題，更反映他們在聆聽和心態上的不足。於是，我運用信箱的真實個案，於 2007 年開始教授如何有效與青少年溝通。這個工作坊舉辦了五次，差不多每次都超額收生，可見這方面的學習需求有多大。

從沒想過出版書籍教人與青少年溝通，我憑什麼？但感謝好拍檔 Ringo，他不但一直在工作坊上補我的不足，更鼓勵、推動我一起寫這書。

我更要感謝每一個在我生命中留下足迹的青年人，尤其是我教會的青少年小組 AlphaOmega，你們讓我學習與青年人同行。與其說是我在服侍你們，倒不如說我從你們身上找回自己，你們令我成長不少。

我也要感謝一羣有份「打造」我的「突破」前輩，及教會的黃英民傳道，你們給我很多紮實的訓練，包容、信任與肯定，你們向我示範了何謂青少年工作。

當然最厚的感謝要獻給在天上的父，祂在我生命的安排實在奇妙！願每位讀者都從書中得着祝福，這也是我與 Ringo 寫書期間常作的禱告。

安琪

2012 年 8 月

使用說明

適用人士：

所有有心要與青年人好好相處的青少年工作者，包括教會導師、青年中心社工等；甚至青年人的老師、家長、上司，一概適用。

適用症狀：

平日經常接觸年輕人，但每每感到頭痛心煩、耳朵失靈、手足無措、心浮氣躁、頭昏腦脹、嘴巴失控。

使用方法：

我們會從兩位青少年導師：Ann 和 Benson 的故事和學習中，了解在不同的階段、面對不同的青年人時，你要觀察什麼、聽什麼、講什麼，並檢視你生命裏會否有妨礙與青年人同行的心態、盲點、弱點等。

你可能曾遇過這些情景，本書主角犯的錯誤，也是你會犯的。如有類同，實屬正常。

解構個案，提供處理建議，但切忌囫圇吞棗，要活學活用。

幫助你認識青年人面貌，閱讀前請先撕去對青年人的標籤，才能看清他們的心。

要求你自我檢討，謙卑坦誠面對自己，請做好心理準備。

本書更備有補給站，給與青少年相處得頭痛的你進補，歡迎頻密使用。

願你不但能好好讀這本書，更能深入思考當中所寫的，到時得益的不單是你接觸的青少年，更是你自己。

接近階段

我加入了青年人小組

我是 Ann，廿多歲啦，性格溫柔，有朋友取笑我是賢妻良母型，總會嘮嘮叨叨。今年教會委任我為青少年部的導師，帶領 15-22 歲的青年人小組，當中有男有女，高矮肥瘦、古靈精怪，我真感到戰戰兢兢。不過我在教會成長，得到不少導師的指導和關懷，我也期望有朝一日能作別人的導師，陪伴青年人成長。現在終於夢想成真啦，我一定會好好照顧他們、時時陪伴、事事關心，做他們的好媽媽！

我是 Benson，人都說我有點衝動，我不過是熱血罷！但有時也會缺乏自信。與 Ann 一起擔任青少年部的導師。我勇於接受挑戰，躊躇滿志要展開這項滿有意義的青年牧養工作。我一定要好好教導他們，先要建立關係；還要確立自己在青年人心目中的美好形象，引領他們成長。努力啊！

01 放下你的意圖吧

他請我食檸檬。

Benson 滿腔熱誠加入帶領青少年小組的工作。為了爭取更多機會認識組員，小組時間後，他例必主動走到組員最愛流連的遊戲室，希望可以找上一兩位單獨傾談。

這天 Benson 又來到遊戲室，看到小組其中一位男組員榮仔正獨個兒看漫畫，機會來了！一定要了解他的背景、喜好、性格……就可以幫助他成長！於是他一個箭步上前嘗試交談。

「咦？在看什麼漫畫啊？」Benson 努力掩飾緊張的心情，故作輕鬆地問。

榮仔將視線移離漫畫，木無表情地瞄了 Benson 一眼，然後一言不發，只將漫畫封面展示一下，隨即埋頭埋腦繼續看漫畫。

Benson 呆立當場，他一向不看漫畫，對榮仔正看的漫畫更是毫無認識。面對榮仔的冷淡回應，Benson 一時不知所措，好不容易才吐出一句：「好看嗎？」

榮仔半眼也沒看他，淡然說：「OK 啦。」

Benson 故意東張西望，良久再問：「其他組員呢？為何沒跟你一同看漫畫？」

榮仔雙眼依舊盯着漫畫，低沉地答：「唔知喎。」

Benson 搜索枯腸，想展開話題，但又不知說什麼才好。榮仔的視線一直沒有離開過手上的漫畫，嘴上只會機械地說「係呀」、「幾好」、「OK 啦」、「唔知」等等。Benson 挫敗不已，心裏不禁問：「為何青年人不喜歡跟我傾談？難道他們都不喜歡我？我是否不適合當青少年導師？」

為何青年人不喜歡跟我傾談？

Benson 一開始就要單對單、面對面交談，碰壁的機會自然高；加上榮仔正在專心看漫畫，這個時候走近，任誰都會感到被打擾，除非你也是那本漫畫的擁躉。

Benson 的遭遇，相信每一位初出茅廬的青年工作者都曾經歷過。無論我們如何誠懇地向青年人表達關心，他們的回應有時卻冷淡並簡短得嚇人；尤其在初認識階段，我們只感到被拒千里外，甚至感到被冒犯。像 Benson 這類滿腔熱血，卻未作好心理準備隨時「食檸檬」，必然感到份外挫敗，甚至連自我形象及自我價值都受衝擊。

想減少「食檸檬」，可以留意以下兩項「基本功」：

投其所好

在初接觸階段，如果你跟青年人有共同的話題或興趣，自能投其所好。即使沒有共同嗜好，你也要對青年人的喜好有一點點認識，譬如他們喜歡的雜誌、電台、電視節目、明星藝人、網站短片，起碼青年人提及一些名稱時，你不至於一臉疑惑，給人很有代溝的感覺。你想了解他們的想法，聽電台的「烽煙節目」是個不錯的選擇。很多年輕男女喜歡撥電話跟節目主持訴心聲，你不但可從中了解青年人的心態，或者可以從主持人的對答領悟到一些回應青年人的小技巧。

善用網上平台

時下青年人習慣透過不同的電子通訊工具和網絡平台與人溝通，勝過面對面交談。不過，要透過網絡與青年人有效溝通，先要學好中文打字，用口語化的文字，方可以拉近彼此距離。

不過，由於社交網站是公開的平台，幾乎任何人都可以看到，留言前要三思，顧及青年人的面子，有需要時使用私人信息；切忌公開訓示或表示擔憂，這會令所有看到留言的青年人都誤以為你是「唔夾嘴形」的老傢伙。

我的學習

要和青年人打開話匣子，要選擇適當時地和內容。

難道他們都不喜歡我？

青年人表現冷淡，未必是他們不喜歡你、不想跟你傾談，背後是有「苦衷」的，細心了解才能找出最合適、最有效的回應。以我觀察，最少有以下四個可能性。

學習中的人際技巧

青年人的簡短回應，很可能是欠缺人際溝通技巧。你可能會問：「基本日常應對，怎會不懂？」有些青年人的確不懂，甚至不曉得自己簡短、含糊的回應會叫人無所適從；更不知道冷酷的語氣會叫人難受、給人留下壞印象。造成這種表現的原因很多，例如獨生子女家庭、父母過度保護、性格內向、曾受創傷以致不敢表達等。這些青年人需要有人提點，引導他們改善溝通技巧，鼓勵他們多以說話表達自己。你有這種耐性嗎？

自信不足

曾有青年人跟我說，「嬉皮笑臉就不用認真交代自己的事，我怕讓人知道我是個怎樣的人，怕別人對我有期望，也怕被人拒絕。」嬉皮笑臉、表現冷淡、寡言，背後可能是自信心不足，害怕表達自己。想邀請他們打開心扉，認真對話，必須先安排安全的分享環境及羣體。例如，多表達你對他們的重視，多給予肯定，或先作深入的分享，都有助製造安全空間。若他們不肯講，無謂勉強，簡單一句「不要緊」打圓場吧。想他們打開心扉有時要看時機，窮追不捨要他們説會教人生厭。

成年人 = 不可信

冷淡、簡短的回應（或其他負面反應）有時可能是青年人想測試你，看你在負面回應下會否仍然關心他們。今天不少成年人做了傷害年輕生命的事情，以致部分青年人認定全部成年人都不可信，縱然你或我可能並不在傷害青年人之列。我們的社會普遍對婚姻、家庭的承擔感薄弱了，破碎、鬆散的家庭剝奪了青年人成長期理應獲得的關愛，也傷害了他們對雙親（最親近的成年人）的信任。我們的社會追求速度、推崇精英制度，令不起眼的青少年在學校、在社區被嚴重忽略，甚至被成年人嫌棄、侮辱。人受過傷，不易再信任他人；故此受過傷的青年人自會對成年人關上大門，不願浪費時間傾談、打交道。除非我們能用行動證明自己不會傷害他們。

成年人 = 嘮叨和管制

青年人接觸最多的不是家長就是老師，這兩種角色往往給人一種牢固的印象——嘮叨、管制。今時今日不少家長對子女過度緊張，即使子女已經踏入青少年階段，仍然當他們是小孩子一般凡事照顧、凡事過問，難怪青年人會覺得我們嘮叨、管制，一遇上就拔腿想跑。試問誰喜歡多幾個「直昇機父母」圍着自己？要接觸青年人，你先要體恤他們可能有這種想法。

我的學習

與成年人相處，青年人也有種種自身限制。

我是否不適合當青少年導師？

青年人不睬你，不用太快判定自己不是當導師的材料。不過，你也要自省，是否有些心態言行，把青年人拒諸千里？

功利的工作者

工作者接觸青年人，有時談不上幾句，還未建立信任關係，就急於將一大堆道理塞給他們，或探詢他們的私事。有青年人形容感覺就像警察「逗賊」，試問這種對話方式誰會喜歡？難怪青年人抗拒，以為我們要改造他們，要求他們按照成年人的心意行事。

當你認識新朋友，總不會一開始就單獨傾談，並談及很私人的事情；更不會一味要求對方自我介紹，你也會讓對方認識你的嗜好、背景，又會藉吃喝玩樂等場合彼此認識，跟青年人相處也要這樣！接觸初期，先放下你的意圖吧，就像認識新朋友一般。

開放生命

要減低青年人對你的戒心，你必先展示自己是怎樣的人，態度要坦誠無偽。有些導師講自己的事很有保留，即或願意分享，也只限於那些包裝得體的部分。這種內容令人感覺很有距離，或給青年人一種錯覺，你太神聖了，未必接受他們的軟弱與失敗。

要拉近彼此距離，不妨展示你好玩的一面、你的限制或失敗的經歷；如你具音樂、體育方面的喜好、專長、特別的經歷、豐富的見聞，也可吸引青年人接近。不過，切忌高調、賣弄，踏實地表達就可以了。表達時別講得太多，要留空間給青年人作回應，否則變成了一個愛話當年的老前輩也不自知。

可信任的同行者

青年人在探索自我、前路及人際關係的成長過程中，亦希望有前輩可以指點迷津，但又怕成年人限制了探索的空間；或者他們在探索過程中一旦犯了錯，會遭成年人批評、否定。所以當你接近青年人、觀察他們時，其實他們也在觀察你，要看看你是否一個包容、可信任的人，可作他們成長路上的同行者。

真正的包容並不是當青年人犯錯時你隱瞞不責罵，而是你真心尊重他們的選擇，體諒他們需要時間學習才變得成熟，並且接納犯錯是他們成長的必經階段。這些態度會隨着你平日的言行，甚至你在網上就青年人相關議題發出的評論表現出來。

工作者的成長故事

無言的同行

教會有個中五男生，他非常寡言，每次參與小組都打瞌睡。平日相處，無論你說什麼，他總是反應冷淡。對很多導師而言，他是個不合作、極低動力，又難以對話的小子。有導師曾經勸他，鼓勵他積極參與小組活動，但情況完全沒有改善。

我靜靜觀察他，他開小組時睡姿穩定，不似「釣魚」，顯然是故意反叛，引人注意。這種人聽過太多教訓的話，卻缺乏別人的接納與重視。當他開組時睡覺，我從來沒有怪責，只跟他說笑：「你瞓覺唔釣魚咁叻？」我想他知道，我細心留意他的一舉一動，沒有單憑他的外顯行為判定他是壞孩子。

後來，他參加足球比賽，我鄭重其事，抽空到球場觀賽，並帶了專業相機替他拍攝球場上的英姿。他起初沒有任何反應，態度仍然冷淡。一次、兩次、三次觀賽後，他走來問我：「你鍾意睇波？」我答：「本來唔特別鍾意，只為捧你場嘛！」之後，我展示為他拍的照片，雖然他表情木然，但我知道他正一點一滴建立對我的信任。

到了關鍵的總決賽，他的隊伍輸了，他非常失望和自責，獨坐球場邊。我買了兩罐汽水，坐到他旁邊遞給他，沒說一句話。隔了一會，他問我：「你無話同我講呀？」我答：「無，只係想請你飲汽水，你有話想講？」他搖搖頭，但表情卻比以往對話時放鬆多了。之後，我倆望着黃昏的天空，靜靜地喝汽水，我單單坐在他身旁，陪伴他面對挫敗的心情。

這種相處使他放下戒心，他知道我有誠意關心他，並非伺機要教導、教訓他。後來，他這樣說：「你跟其他導師不一樣，不會迫我講或做任何事。」他開始願意跟我接觸，雖然大部分較深入的傾談都是透過網絡，但溝通之門已經因為那些無言的相處而慢慢打開。

溝通——不可能的任務

談到與青少年溝通，很多人都會問「怎樣使青年人聽我講？」「怎樣表達青年人才會講心事給我知？」

坊間有不少教人溝通的書籍，幫助你有技巧地表達所想，好叫對方可以準確地接收。更實用的書籍會教你聆聽對方語言和非語言的表達，達致互相明白、信息互通。可是，大多數人都將溝通局限於「聽」及「講」兩個範疇。其實在「聽」及「講」以外，我們忽略了另外兩個極之關鍵的元素：心態、觀察。

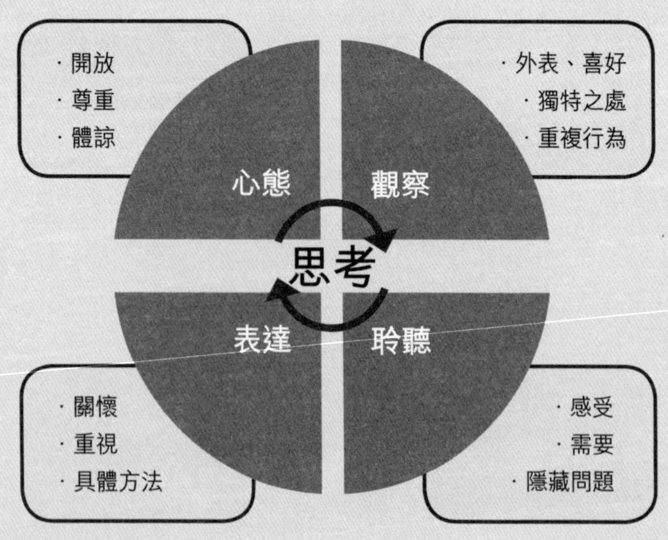

看以上圖表！原來我們平日最重視的「表達」只佔四分之一，即使你加上用心聆聽，亦不過是做了一半工夫，難怪我們面對青年人時常常碰釘。

為何心態那麼重要？我喜歡引用《莊子》一則故事去說明：

衛國有一個很壞的國君，孔子的徒弟顏回想感化他，出發前先請教孔子的意見。孔子認為顏回此行一心想去教化國君，恐怕很難成事，所以勸他先作「心齋」。何謂「心齋」？孔子認為惟有除去想教化人的動機，心中一片空明才能感應對方的心，真正教化人。

心態之外，最常忽略的就是平日對青年人的觀察。觀察不但可以幫助你認識青年人，更可以助你自然地開展話題，接近他們。舉一些例子：

儀表

儀表是年輕人非常重視的，髮型、皮膚、衣着打扮，全部都可以是話題。例如你見一個男孩子每天都將頭髮梳理得很整齊，或一個女孩子有多種方式紮頭髮。你可以稱讚他們，青年人格外受落；你也可以向他們討教當中技巧。別以為談論儀表很膚淺，從中你可以認識他們的自我形象及價值觀。

學習生活

別像父母一樣問成績，或問：「學校生活開心嗎？」要問得具體，你見他手上的補習社筆記嗎？就談「補習天王」。哪個教得差？哪個「天王」的廣告最浮誇？這些問題不貼身，最適合初認識階段。

嗜好

要認識一個年輕人的嗜好，不一定要問：「你有什麼嗜好？」觀察他身上的東西：襯衫、雜誌贈品、手機殼、書包掛飾，全都是提示，碰上一樣你熟悉的：「你都喜歡嗎？我也是粉絲。」

觀察是最花時間的，只能藉平日各種相處的場合，才能了解青年人的性格、特質，甚至了解什麼影響他們成長。若你平日對青年人有一定的掌握，當他們遇上問題時，你便能從你的資料庫中取出有用的資料，用對方最受落的方法去幫助他。

觀察及聆聽可以為你提供很多資料，但這些與年輕人當前要面對的問題究竟有什麼關連，要洞悉他背後的核心問題，就要靠不斷「思考」，將資料整合。你花在思考上的時間，有時比「講」多得很。

02 我不成長，她怎成長？

想不到我的慈母心腸竟成了一種障礙。我自小父母就事事關心，長大了也不放鬆；但我竟把這種方式套用到青年人身上。原來與父母的關係，無時無刻影響着我。

我似佢阿媽！

「是曉萱嗎？都這麼晚了，有什麼事嗎？」Ann 收到團友曉萱的電話，心裏一陣興奮，初任導師，自然樂於收到團友主動來電。原來曉萱想詢問下個月教會的敬拜事宜，這次輪到她負責。Ann 侃侃而談，不過，言談間，Ann 突然感覺不對勁，心想：「現在不是考試時間嗎？為何曉萱還有空去想下個月的事？」

「曉萱，暫且不談敬拜的事。你明日不是要考試嗎？」Ann 急躁地向曉萱質詢。

「是……是的。」曉萱冷不防導師有此一問，立刻支吾以對，心中似乎有愧。

「你溫習了沒有？」Ann 口吻中開始帶點質問。

話筒一邊沉默了，曉萱無言以對。這時候，Ann 突然想起好幾個畫面，近月曉萱經常流連教會，不願回家，總是最後一個離開。她在教會也沒什麼事忙，只是逗不同人閒聊，有時，連同輩朋友都感她長氣和煩厭。為此，Ann 也接過曉萱母親的投訴：「曉萱在教會有很多活動嗎？我覺得她常常分心，沒心機讀書，希望你多加留意。」

當時，Ann 心裏開始盤算：「繼續在電話中談下去實在不妥。說不定曉萱想借團契事奉去逃避溫習？一定要制止她。」她心裏既焦急又疲乏，不禁想：「唉！導師的責任真重，連父母的角色也要擔當！」

「你媽媽跟我說你最近沒有用心溫習，懶散了，是嗎？」Ann 終於按捺不住心中的不滿。

曉萱再一次沉默。死寂中，Ann 也開始感覺不自然，設法找些話題。接着，她便滔滔不絕地分享自己的讀書心得、應試技巧、時間分配方法等等。不知不覺經已十二時。Ann 怕再談下去，反而阻礙曉萱溫習，所以急忙說幾句鼓勵的話，就掛上電話。

自此之後，Ann 發覺曉萱遠遠見她便躲開，在 Facebook 中除了她的名，她實在大惑不解，為何慈母的心腸得不到好回報？

導師連父母的角色也要擔當！

近年在大學的營會中，學生會稱小組組長為「組爸」、「組媽」，導師或組長彷彿扮演着父母的角色，成為「再生父母」。我訪問過很多初出茅廬的青少年同行者，他們對青少年的一切都甚為着緊，處處要替他們着想，想儘快與青年人建立關係，樹立個人形象；並且要介入青少年的生命，幫助他們更新改變。你感覺自己像父母嗎？你也有這份心腸嗎？

可是，以父母心腸相待，希望接近青年人，卻換來他們的冷漠疏遠，就像 Ann 一番好意，但曉萱卻不領情。有些人會漸漸灰心，甚至跟其他導師比較而心生自卑，最後容易失卻起初的愛心及熱忱。

麻煩父母

上一章提過，有些青少年覺得成年人普遍都與父母、老師一樣嘮叨、管制，有一些則對父母形象的反彈特別強烈，當中也有以下可能：

- 與家人關係惡劣，當成年人關心他們時，會令他們情緒不穩，感到抗拒；
- 青少年在成長階段，身心經歷各種變化，容易感覺成年人不理解他們；而成年人只希望他們順從，忽略青年人的個人意願，所以青年人容易產生反叛心態；
- 今日普遍家庭資源較往日豐富，有些父母因為社會壓力及競爭，對子女的供應和關注「滿瀉」，過分溺愛和保護。可是，在青年人心目中，只感覺到操控，令他們透不過氣來。

基於青年人對父母的反叛和抗拒心態，故此，當我們「提點」或「關心了解」青少年時，他們會非常敏感；加上將對父母的反感，投射到一般成年人身上，認為普遍成年人都是「好煩」、「可怕的」、「不明白我們的」。由於在家庭中習以為常，他們本能地學曉對工作者的關心「三緘其口」、「支吾以對」，或者「敷衍回應」。相對，工作者對青少年這種突然「變臉」，會感到好心沒好報，或以為自己誤說了什麼，做錯了什麼而自責。這就是困難所在吧！

曉萱想借團契事奉去逃避溫習？一定要制止她。

Ann 留意到曉萱常常流連教會，加上想起她母親的話，便判定曉萱是懶惰。如用「懶惰」概括青少年，我們就誤解了，這只會簡化青少年的表面行為，甚至標籤他們是有問題、不長進、低動機，而忽略了他們正面對生活或學業壓力。

「你真懶惰！」

沒有人喜歡被形容為懶惰如豬。當看見青少年對一些事情失去動機，我會提醒自己不要用「懶惰」去概括，十足一般家長口吻，反而要問：「為何他失去動機？」很多時候，青少年失去動力都與消極情緒有關，即失望、灰心、焦慮和恐懼等。我聽過一個字眼叫 FASE，四個英文字母依次代表恐懼（fear）、逃避（avoidance）、壓力（stress）和逃走（escape），形容困難中的青少年。四個情況是彼此相關的，核心就是「恐懼」。

恐懼是人天生的情緒，不學而能。為何人天生會懂得「恐懼」呢？試想像動物面對危險時，身體和內心發出「恐懼」的訊號，然後做出不同的自衛反應：反擊、逃跑或者僵硬，目的是脫險。所以當人面對壓力或困難，同樣會有以下三種反應：

- 反擊：積極面對，努力嘗試，不罷休；相反，可能會反擊、反駁別人的指控；
- 逃跑：逃避或轉移視線；
- 僵硬：腦海一片空白，不懂反應，使人以為他們漠不關心，或得過且過。

「你無畀心機！」

Ann 不能單用「無心機溫習」輕易解釋曉萱的情況。不過，若她本身沒有足夠感染力，也不容易引導曉萱說出心中的問題。感染力從何而來？是建基於對青年人內心的體會。

曉萱晚上主動找 Ann 討論如何帶敬拜，想她原是個對自己有要求的人，對事奉很認真。事實上，大部分青少年內心對自己都有要求，「有團火」，作為他們努力的方向。你可能會疑惑，怎分辨青少年是因有要求而感到壓力裹足不前，還是沒有要求自我放棄？我沒有特定答案，但我有一個原則，就是先「假設」他們對自己有要求，只是未必與我們的期望相符。依我的經驗，大部分假設都是正確的。

假設青少年對自己有要求、有理想：

- 猜中→可以深入關懷他們，不會因誤會而傷害彼此感情；
- 猜不中→沒大礙，他們不會怪你；
- 假設青少年沒有動機→他們感覺你不明白他們。

在之前的假設下，我們可以想像曉萱的困難，期望愈大，壓力也愈大，她可能感到自己未達要求（也許是父母的要求）而感到莫大壓力。人在壓力中，最常見是逃避，找自己可以勝任的事情做，曉萱找了教會事奉。

因曉萱害怕失敗，更害怕令家人失望，所以寧願花時間在事奉上，逃避溫習。其實，成年人都有很多恐懼，也試過逃跑吧！將心比己，明白背後的「恐懼」原理，我們就不致太快下定論：一定是青少年有問題；反而願意細心聽聽他們內心的恐懼，給他們一份安全感，表明成與敗、得與失其實不要緊。你會漸漸感覺到他們有一份良好動機；這種視野，可以助你帶着諒解，更深入了解他們，你就會更有感染力和同理心。之後，他們會感激你的明白。

Ann 可以試試這樣說：「其實你覺得困難在哪裏？」

「數學、英文都很艱深。」

「這樣的確追得很辛苦吧！」

「不錯！」從曉萱的語調中已可以感受到她的沮喪。

「辛苦在於……」

「我覺得自己很蠢！」曉萱開始哽咽。

「你為何如此說？」

「屋企人都話我蠢。」

「爸爸媽媽？」

「對！我害怕他們責備我，不能維持過往的成績。」

「我明白你很想維持水準。的確有壓力吧！」

以上對話，有何不同？

· 從心出發，嘗試體恤青年人的心情。讓青少年明白導師想關心他們的煩惱，而非學業成績；導師也願意以更廣闊的視野去看待，切實了解他們的心結。

· 信任青年人，肯定不再是小孩，尊重他們的需要，認定他們對自己有期望和要求。

· 由此，導師可以進深探討青少年的核心問題。曉萱的核心問題並非「學習動機」、「時間運用」和「讀書策略」，而是「家庭關係」和「自我形象」。

真情對話可以展開了。成長中，青少年必然會遇上一些阻礙，窒礙他們心中的一團火；要幫助青少年突破障礙，先不要吹熄這團火，反而要幫助他們再次挑旺火種，這才是同行的真諦。

我的學習

青年人提不起勁，不表示他們懶惰，恐怕是心裏感到壓力。

為何我的慈母心腸得不到回報？

父母心腸勿濫用

我們關心青少年時容易面對兩難：諒解青少年的心理需要和限制，及平衡對他們的要求。Ann 選擇扮演母親的角色，發揮母愛精神。她的態度由一位團契導師，突然變成一個嘮嘮叨叨的母親，然後又再變身成嚴肅的課堂老師。當時，在曉萱面前的，是一個高不可攀，不易親近的權威形象（authority figure），不再是可親可敬的同行者。結果，曉萱惟有對 Ann「敬而遠之」，Ann 也難再建立關係。

《聖經．哥林多前書》指出：「師傅雖有一萬、為父的卻是不多。」（四 15）作為導師的你，自然想擁有一顆為父為母的心，就像父母愛孩子一樣，我嘗試具體描述一下：

- 關注：願花時間留意他們，對他們感興趣；
- 接納：沒有附帶條件、沒批判地接納和包容；

- 欣賞：為他們的事情感到喜悅和滿足；
- 鼓勵：信任他們的能力，期望他們做得更好；
- 鍾愛：藉身體和言語表達你的重視；
- 尊重：給他們自主和自由，確認他們的獨特性；
- 支持：願意在他們遇上困難時予以支持，並伸出援手；
- 安慰：他們感到焦躁、哀傷和痛苦時，明白和體會他們的感受；
- 肯定：以行動和言語表示為他們感到自豪；
- 保護：不讓他們身心受傷害。

很困難吧？十種愛的途徑，難道我們要做到十全十美？說到底，我們只想表達關愛、體貼和可靠的父母心腸。這心腸使心靈脆弱的青少年得到一份愛與安全感，溶化他們的心，也可以溫暖在家庭遇上困難的青少年。但我們要留意，父母心腸不等於青年人的「父母」。換句話說，不要叫青少年感到你十足他們父母一般管制、嘮叨。你可能說：青少年的父母做不到，我又怎能做到？作為同行者，相對一般父母，我們跟青少年有一點距離，未必如父母一般「肉緊」，較容易抽身。

父母形象再打造

每個人內心都會有一種父母形象，來自成長中如何與父母相處。這種形象產生自依附關係，就是成長中與照顧者（如父母）的關係。如果成長中，得到父母充足的照料和關愛，容易建立安全的依附關係，長大後對生命中的長輩容易產生安全感和信任，也能自如地與他們交往。

至於不安全的依附關係，主要有兩類：

· 昔日父母過分操控或過嚴批評（可能父母是出於關愛），在這種環境下成長的人，容易扭曲別人對自己的評語，或老認定他人不喜歡自己，所以與長輩的關係若即若離，想接近又不敢；

· 昔日父母對自己照顧不周或漠視，這人成長中變得事事都要靠自己，不太喜歡依賴長輩，甚至變得反叛。

這兩種人都需要長輩的認同和肯定，希望成年人不要只着眼於他們的得和失，出色與否，可以全心全意關注他們是有血有肉、有感情需要的人。

青年工作者要反省自己曾受怎樣的父母形象影響，心中的父母是嚴肅古板，還是開懷寬容；是操控型、還是放縱型；是多言還是寡言？原來當人在壓力來臨時，容易受過去父母的管教方式影響，重複父母的行為；或走向另一極端，背棄過去的經驗，例如若工作者昔日過分受父母管制，容易對青少年過分放鬆，以補償自己內裏的「不足」，而變得不夠客觀中肯。

你開始發現，與青少年同行往往與自己的個人成長相繫相連。所以同行者要常常檢視過去受的影響有多深，例如，不妨回顧自己的生命，畫一條生命線，描述父母和親人與你的關係。或者，思想一下你在成長中擁有過以上十種愛的特質嗎？缺乏了什麼？經過反思的生命，是有深度的，能增加你生命的韌力。否則，你要找適當的幫助，擺脱不健康的父母影子。

不同類型的「父母」

作為青少年的同行者，你可能感到自己缺乏某一些特質，要不未夠活躍，要不粗心大意。青少年需要不同的人關心心靈和關係上的需要，也需要有人指導和陪伴。沒有人可以獨個兒完成所有工作，我們必須分工，其實，同行者也可以有很多種，如：

- 智慧型：成熟有深度，懂得適時給予意見；
- 玩樂型:活躍好動，與青少年打成一片，一起打波，一起去玩;

· 慈父慈母型：處處呵護，比較包容；

· 輔導型：懂得與青少年談心事；

· 文士型：對《聖經》和神學有深厚知識，可以解答信仰疑難。

你是哪一型？

初任導師時，我是玩樂型，年長了轉型為智慧型，讀過輔導後，又變成輔導型。當然不同型態也可以同時出現。與青少年同行，絕不會孤單，不同導師具備不同的氣質和專長，多溝通，組成團隊；別介意自己沒有人家的特質，各人有不同的限制及生命階段，你要肯定自己，也要與同工互相欣賞，才能發揮各自的本色和作用，彼此配合。當然，男、女導師也分別扮演不同的角色。而這種團隊概念和精神更要擴展至與牧師、家長及青少年身邊一切重要人物。我在輔導工作中，也曾經與青少年的教會傳道人和導師溝通合作，互相配搭，發揮所長，讓青少年得到多方面的關懷。

我的學習

原來想效法父母一樣去關心青少年，要先醒察自己內裏的狀況。

工作者的成長故事

同行的大哥哥、大姊姊

我加入突破初期，幫忙回答網上青年人信箱。一次回信，被負責人大大修改，她指出我帶有父母的影子，老氣橫秋，說教味濃。她的意見是：「你要成為他們的大哥哥、大姊姊。」所以，我想像自己是青少年或過來人，便開始體會來信人的內心掙扎。

這個意見對我很受用，大哥哥、大姊姊就是同輩（peers），即同行者。我們要學習成為同行者，不要做他們在家庭外的再生父母或學校外的師長，畢竟社會和成年人對青少年的鞭撻已經太重。有時我們會發現一些表面不長進，自理能力低的青少年，但細心想，這是他們一手造成的嗎？立即施予援手，幫助他們深入思考個人、家庭和社會問題，勝於一味指責。

Ringo

不再是小孩

反叛有理

人道青春無限好，但又說青年人是怪獸、反叛一族，究竟青少年是什麼？要認識青少年，不得不了解他們的成長任務。

青少年，英文 adolescent，源自拉丁文的動詞 adolescere，意思是「成長」。不錯，青少年最主要的任務就是成長，由兒童蛻變為成年人。他們在這個過渡期有順也有逆。順者，可以享受花樣年華；逆者，會厭惡自己、他人或世界。

可是，很多成年人未能忍受青少年在過渡期當中的反反復復，輕率將他們定性為反叛，甚至慨歎「一代不如一代」。據我看，青年人之所以「反叛」，可能是為了完成「成長」任務，學習如何做一個成年人。因此，他們需要的是諒解和指導，並非標籤。

成長任務

自我分析（self-analysis）及自主能力（autonomy）是人成長

的力量，它們在青少年期的角色格外重要。

1. 重塑自己

青少年第一個成長任務是重塑自己，重塑自己必先吸收第一股力量：自我分析。

青年人為了擺脱兒童期，須要重新評估和自我分析。過程中，他們會否定兒童期的自己，包括外觀、喜好，及與人相處的模式等，所謂「打倒昨天的我，成就明天的我」。他們對昔日喜歡的東西開始不感興趣，對父母不再言聽計從。他們未有成年人的閱歷；較難接受不完美；而且為了找自己的路向，傾向抗拒成年世界的慣性規則。這時候，他們慣性否定成年人的要求和意見，希望找出新的我，更希望找出生活中的新點子和解決方案，如毛蟲蜕變為蝴蝶。在我們眼中，會覺得青少年「包拗頸」，事事否定。

目標：青少年在這個不斷分析、評估和跟自己「討價還價」的過程中，逐漸建立新的自我身分，尋着「真我」，即發展一套個人價值觀和信念，顯出自己的獨特性。

不健康發展：有些青少年因為缺乏肯定（affirmed），變得過分負面，處處否定自己，影響自我形象發展。

栽培：這是身分再發現的過程，成年人的任務是對青少年加以肯定，多發掘他們的美好素質和光明期望。

2. 增強能量

第二個成長任務是增強能量，這要透過第二股力量：自主能力。

在兒童期，兒童沒有主導權，成年人是一言堂。不過一個千依百順的人，難以學習獨立和做決定。人進入青少年期，便會運用很大的力量去「求變」，學習自主，為了擁有和掌控話事權，建立能力感。能力感，是成年人的必須品，要藉反抗、追求自主去建立，學習掌握能力，提升判斷力和自控力。不過，青少年在追求的過程中，成年人會誤以為他們在反權威，認定他們是「反叛」和「失常」。

目標：青少年從中增強能力感，有力量去尋找和實踐自己的理想和人際關係。

不健康發展：有些沒有被增能/賦權（empowered）的青少年，未能健康地凝聚自己的能量，或者錯誤運用，便會出現以下情況，例如：

· 內耗（act-in），將能力轉向內在，容易演變成自責和抑鬱；

· 外亢（act-out），將能力推向外在，容易變成極端反抗行為。

（我們會在 07 的故事更深入認識這兩種情況）

栽培：這是個建造能力感的過程，成年人的任務是讓青少年有適量自主，信任他們有能力自行應付困難。

3. 測試底線

青少年第三個任務就是測試底線，需要自我分析和自主能力。這是讓青少年學習冒險和分析形勢，增強判斷力；他們藉此增加自主，學習解決不同問題的方法。

青少年也會透過想出新點子，測試成年人底線；換個角度想，他們是想訓練自己的判斷力和解決問題的能力。

目標：如果成年人能夠幫助他們辨識（discern），分辨對錯，分析利弊，計算資源和能力等，有助青少年發展適應力。

不健康發展：如果青少年太受呵護或控制，缺乏學習辨識的機會，招致兩極行為：

· 不願意嘗試或逃避一切「有風險」的事；

· 不顧一切去到達致目的，甚至不擇手段，如説謊、隱瞞、藉口、反擊等。

栽培：這是學習判斷力的過程，成年人的任務是幫助他們分析，説明價值觀所在，樹立良好榜樣，而非純粹指令。

由此可見，青少年的成長不能離開他人，要透過與成年人和同輩互動；青少年工作者要學習如何與他們相處，幫助他們順利過渡，才發展出良好的生命素質。

不同時期的青少年

青少年期是人生的黃金十年，是一個比較漫長的成長期，生理和心理急劇轉變。這十年可大約劃分成以下不同階段：

1. 早期：惟我獨專（11-14 歲）

所謂惟我獨尊的「我」，是一種自我蜕變，脱離兒童期，尋找新的「自我」，是青少年身心變化最劇烈的時候。特點是：

· 適應青春期生理變化，重新認識和接納自己的身體和面貌；

- 當身體上的第二性徵產生變化，及社會上對自己的性別角色愈來愈明顯，開始要處理性別角色和性衝動；
- 在別人眼中（特別是同輩）找自己的定位，問：「我是怎樣呢？」；
- 保護私隱，害怕不被認同和受傷；
- 抽象和邏輯思維增強，學會反省，也會反駁；
- 開始建立對事物的個人看法和價值觀；
- 可能給人極端自我，固執好辯的形象；
- 掙扎於「依賴」和「獨立」之間；
- 因應以上種種處境，他們情緒難以穩定，他們又害怕自己變得如此不穩定，影響與人的關係，時近時遠。

2. 中期：自我身分（15-17 歲）

這是上一階段的延續，不過由於成長土壤迥異，有些青少年仍然停留在上一階段，有些則可能已跨越這階段。這時他們開始對自己身分比較確定，但仍須不斷做「實驗」去驗證；面對很多外來衝擊，如家庭、學業、朋友及愛情，內裏還是有點混亂。

· 青春期生理發展較成熟和穩定，對自己身體稍有掌握；

· 對異性（或同性）感興趣；同時要處理更多性慾衝擊；

· 思維發展更快更成熟，但仍然處於交叉點，一面學習平衡自主權和責任感，另一方面又強調獨立，反對權威，測驗底線；

· 開始能接納與同輩的差異；懂得發展比較穩固的友輩關係，尋找自己的圈子；

· 喜歡羣體生活，但仍須測試別人對自己的觀感；

· 在別人眼中（特別是同輩）找自己的定位，但相對前一階段已有點掌握；

· 開始學習控制情緒；

· 這階段的「自我」沒有上階段強烈，尤其在友輩關係上。

3. 晚期：關係和前途（18-21 歲）

這是步向成年人的最後一步，有光明一面，也有徬徨一面。他們現在建立的自己，要面對將來的漫長日子，又要面對成長中的衝擊，包括社會、家庭和友輩對自己的期望，會感到很大壓力。

- 較穩固的自我觀和認同；
- 性別身分成熟，性慾高峰期；
- 抽象和邏輯思維成熟，富有創意；
- 建立和體驗更細緻的親密（身心靈）關係；
- 找到穩定的友輩羣體，亦想開拓其他不同範疇的關係；
- 開始聚焦未來的發展方向，有更清晰的目標感；當然也為前路、學業、事業傷腦筋；
- 認清自己的權責，在規則和自由之間的衝突較少；
- 已有更好的情緒控制，也較能掌握他人情感世界；但有的人情緒很強烈，控制不了，反擊的力量也很大。

這不過是很概括的描述，不同青少年會因應性別、性格、成長環境、學習機會而有所差異。總括來説，因應青少年生理、心理和成長上的因素，大多時他們都是反叛有理的；了解他們不同年紀的成長任務，可免我們拔苗助長或懷不設實際的期望。你可以諒解他們嗎？

03 花時間為心靈備課

你又遲到啦！

Benson 在主日學課室踱來踱去，有時看手錶，有時看着牆上的掛鐘，心裏焦急得很：「死火！我花了整整幾星期預備的主日學課程，恐怕未能完滿地講解完成，怎辦？他們滾到哪兒去了？」

課堂已經延遲了十五分鐘，但半數同學仍未出現。Benson 焦急得如熱鍋上的螞蟻，心裏不禁升起一團怒火。過了一會，幾個姍姍來遲的同學，趕忙衝入課室。導師內心已經氣得爆炸，也顧不得什麼禮貌，就向他們破口大罵：「如果你們不想上課，以後就別來了。上帝不喜歡人遲到。」

立時，整班同學鴉雀無聲，全都垂下頭，屏息等待時間一分一秒過去，Benson 的內心也不好受，惟有勉力控制自己的情緒。他想：「我要儘量使自己麻木，在餘下的課堂時間，按資料授課就是了。」這刻，他內疚得要命，課室那種死寂的感覺，使他害怕起來。

像凝固了的時間到底都過去了，眾人急不及待散去，只剩下Benson在課室，默默呆坐，良久，自忖：「同學究竟去了哪裏，弄得遲到呢？」

原來，這種遲到情況已經司空見慣。星期日上午的主日崇拜與主日學之間有三十分鐘小休時間，同學會趁崇拜完結後，把握這黃金三十分鐘，走到附近的茶餐廳食早餐。大家邊食邊談，往往超過三十分鐘，遲了回到教會上主日學，令不少導師都非常頭痛。雖然，導師已經三番四次提醒，也不見改善。

Benson惟有向其他導師傾訴，有導師提出關上課室大門，把遲到者拒諸門外，有些人不同意，生怕主日學從此「凋零」。大家始終想不到好辦法。

你們滾到哪裏去了？

今時今日，青少年對遲到可能已經習以為常，遲到彷彿成為社會的大趨勢。你可知道，遲到有時是集體性的。當一個羣體出現遲到的風氣，遲到就會變得可以接受，遲到的後果和責任彷彿有多人一起去分擔，分薄了自己的「罪責」，也使人對責任和「罪」的觸覺失去敏鋭。例如，當你指出一個人遲到，他或會説：「其他人都有問題吧！」

遲到的二三事

以上故事同時反映另一現象，同學寧願多花點時間吃早餐，彼此相聚，都不願走到課室。青少年享受羣體生活，有時看「關係」比「知識」重要；關係是主菜，學習人生大道理不過是配菜。你會問：「究竟如何處理兩者的矛盾？兩者真的有矛盾嗎？」

請看故事的發展。

在會議上，導師討論得面紅耳赤。突然，一位導師站起來，自告奮勇道：「由我來。我有另類的方法。」

又到星期日，這導師在崇拜後，邀請同學一起到茶餐廳食早餐。看着同學輕快談笑，導師開始了解：「原來吃着美味的早餐，有講有笑，是如此愉快的。」同時，他也發現原來有些青少年為免上崇拜遲到，沒吃早餐就趕回教會，崇拜後自然感到飢腸轆轆，難以繼續上主日學。導師這才發掘遲到的原因。

二十分鐘過去，導師見同學還沒意思離開，腦筋一動，便說：「今天和你們大伙兒一起吃早餐真開心。呀，時間似乎差不多，還有十分鐘就要開始主日學了。我們須要準時呀！」同學一陣靜默，沒人答話。

「記得上次另一組早到的弟兄姊妹埋怨我們遲到嗎？如果我們再遲到，其他人就會對我們這組產生壞印象，誤以為我們都是不顧別人感受、懶散的人，但我們才不是呢！

「而且，Benson 都很看重你們，預備了很好的主日學內容，我們也不要叫他失望啊！」

這位導師並不單純處理遲到的問題，他以「關係」為入手點，請同學反思遲到如何影響與他人的關係。原來一個人的一言一行，都容易影響他人，最終影響彼此的關係，這種傷害甚至會侵蝕整個羣體。

初為導師當然想為聚會或活動樹立一種良好的風氣和模範，但還不如親自進入青年人的羣體，了解他們的心態和關係，給予肯定和體諒，這樣才能以身作則，成為好榜樣。

我的學習

青年人遲到，背後原來大有學問！

如果你們不想上課，以後就別來！

他們重視什麼？

你認識的青少年容易遲到嗎？遲到輕則連累和懲罰沒有遲到的人，重則阻延課程或活動進行。你會指責他們不守時嗎？結果呢？青少年不再是小孩子，要將他們當成年人一般看待。否則，所有善意的提醒都容易變成耳邊風。

究竟遲到代表什麼？遲到反映人的自理能力和時間觀念。時間觀念則反映人對不同事物的價值觀。如果他重視一件事，定會珍而重之。我們可以以青少年的行為，作為一扇窗，了解他們對不同事物的重視程度。例如他們在約會時遲到，可能他覺得安坐家中打機比較重要，或者正專注於另一件事；他們寧願與朋友在籃球場上多待一會，而延遲與你的約會，反映他們喜歡與波友打波。

當青少年知道我們明白他們重視什麼，自然生出對我們的尊重，肯聆聽我們的意見；我們也較容易處理紀律問題。

他們缺乏什麼？

記住，我們不要只關注青年人的表面行為，更要關心他在成長中的需要。有些青年人對所有事物都掉以輕心，愛理不理，可能反映他自小沒有受過適當的自理和家庭教育，或者模仿家人的遲到習慣；或在家中缺乏父母管教關注，感到自己在家中或羣體中變得可有可無，他怎會對家有一份責任和歸屬感呢？更不用說遲到這表面行為。

遇上這類青少年，我們切忌心急「教導」，又會碰壁的！還記得上一章提醒我們要先放下意圖嗎？我們先嘗試了解青少年的成長和家庭教育，然後才能幫助他們了解自己的限制和需要，相信他們對自己同樣有要求，想與人好好連結，做一點成功的事。這種關懷會使他們感到溫暖。之後，你可逐漸把握機會，教導他們管理時間，學習向他人交代等也不遲。

我的學習

整頓紀律只是處理表象，了解他們的深層需要才是核心！

我預備好的課程，恐怕不能完成了！

成功主義

Benson 擔心同學遲到，會連累自己無法完成整個課程。看！這是動機出了問題。也可能我們受「成功主義」的社會風氣影響，人着眼得和失、成績和結果、效率和回報、比較和妒忌……我們身處這種大氣候，太在意工作的成果、效率或數字；果效和數字是實用的、可量度的，似乎可以清楚評估工作，它也是吸引的，可以成為自己的「成績表」。這種自我欣賞的魔力只有自己才知曉，也相當危險。這種心態不經不覺成為自己無形的負擔和壓力，視線漸漸轉到工作和自己身上，容易迷失了關懷人的焦點，忽略過程中如何與青少年同行，分享和經歷當中的喜悅或艱苦。

同行者除了自我反省，更學習多平衡「結果」和「過程」，兩者皆重要。我鼓勵同行者要常常反省服侍的動機，有多少是為了讓青年人有所學習；又有多少是為了個人「業績」，希望別人接收自己辛苦的成果。

義憤填胸

很多教會的工作者真的會像 Benson 一樣，借「上帝之名」去指責同學。不錯，《聖經．彌迦書》的確說：「行公義，好憐憫」。基督教提到的發義怒，說明為了上帝的緣故，要積極和勇敢地指出不公義的事。事實上，爭取公義是指什麼？應以什麼態度去指出別人的問題？可是我們有時喊着「公義」的口號指責別人，內裏卻是「自義」；成年人更容易以「食鹽多過你食米」的態度，站在道德高地去指責青少年的不是。問題不在於指出問題，卻在內裏隱藏的心態：「以為自己比別人高大，比別人優秀。」

大抵，我們看《聖經》都是一知半解，經文的下半句是什麼？「存謙卑的心與神同行」。作為基督徒導師，應帶着一份謙卑。謙卑是認識自己所擁有一切都是從上帝領受的，我們本來都要靠基督的救恩，才免於受責罰。當我們能夠調整心態，說出來的話會帶有份體恤，一份了解生命有限制的深度；所謂義怒才能帶出真正的力量，青少年也容易體會生命中的黑暗與光明。

可能你會問？當我調整好心態，如何表達和跟進呢？這裏沒有一條方程式，但你可以考慮：

・先肯定對方，例如明白他也有難處，也具備良好的動機，或者平時有好表現等；
・等待適當時機，譬如雙方都冷靜下來時，然後按對方的接納程度，以對方為中心，直接指出他的問題。

軟性的力量

我相信 Benson 對青少年的憤怒，其實是出於愛和着緊，眼看一個青少年有時不聽話，行動稍有偏差，我們便會大為緊張，想挺身而出「保護」他。愛與怒差一線。保護的力量巨大，引發你內在的一團火，這團火燒起來可以產生推動力，甚至具有毀滅性。當我們檢視原來自己生氣是出於愛，那團火自然會轉化為一股較「軟性的力量」。

另外，生氣也可能因感到自己的價值觀遭冒犯，對方侵犯了你的底線。當我們的價值觀被冒犯，固然會感到生氣，但我們可以轉化怒氣為包容。包容不同縱容。包容是不將着眼點放在對與錯，而先體恤對方的限制，從而生出一份憐恤，這份憐惜同樣是一股軟性的力量。

「看到你的行為，我內心七上八落。但此刻我不是要責怪你，我最希望你知道我很着緊你，生怕你的問題最終傷害自己。這是我最心痛的。你明白嗎？」

軟性力量可以減低自己的衝動和語言攻擊。當我們想向青年人表達建議或勸告，可以先將內心的着緊向他們分享，營造「愛的感染力」。

憤怒背後

人人都會憤怒，憤怒是一種反應，也是一種表達；當人對事對人感不滿而作出反應，目的可能是消消氣，也期望改變現狀。有些人會視憤怒為一種負面的情緒，但我看它是比較中性的，問題只在對它的掌握和表達。

故事中 Benson 嘗試強忍內心的焦急和憤怒，可是最終按捺不住爆發出來，一發不可收拾。作為稱職的同行者，我們往往要表現正面和大方，不會說自己討厭一些青少年。但我想鼓勵青少年同行者經常問問自己對青少年的感覺，有沒有討厭一些青年人或者他們的行為？事實上，我並非鼓勵大家討厭，只想鼓勵你進一步探索自己所謂「討厭」，即感到不舒服的地方，究竟與自己的內心世界有什麼關係呢？

代入與投射

當你感覺自己有時對青少年的反應過敏，發覺有些青少年開始怕了你；或者你「教訓」他們後，自己感到久久未能平伏或很失落，又或者勾起自己一些往事，無法釋懷，你可能中招了。

原來，我們要當心，有時會將過分的着緊變成了過敏，出現以下反應：

- 代入——將青少年的問題當成自己的問題，事無大小，就像發生在自己身上，動輒感到不安；
- 投射——把自己的問題投射在青少年身上，將自己的需要和缺乏，變成青少年的需要和缺乏；緊張他們，其實是緊張自己。

很多時候，當同行者未能處理好自身的成長問題和困擾，會容易將自己的問題轉嫁到他人身上，產生「代入」或「投射」。我們稱之為「未完成的成長事務」(unfinished business)。它們可能是你未了的心願，以致「轉賬」到青少年身上，想他們代你完成；可能是他們犯了你曾經犯過、而未能原諒自己的錯。於是，你不容易原諒他們，其實就是不能原諒自己。他們沒法改善，你就變得很自責。事實上，我們只有尊重青年人自己的選擇，讓他們學習可能要承擔的後果。

不要怕！只要你定時分配安靜時間，反問自己內心有什麼痛處癢處，好好反省，下文也會繼續討論青少年工作者的生命反思；你也可以找信任的同伴或者你的同行者分享和支持，問題總會解開。

罵聲不過是擋箭牌

十多年前，我剛剛擔任青少年導師。我帶的團契內有個活潑多言的男孩，他常常在導師説話的時候抬槓和搗蛋，令導師十分頭痛。事實上，他屢勸不聽，導師已經忍無可忍。有一次分組，他正好在我的小組。當其他人説話，他便打斷別人，自顧自的説東説西，令我無法專心聆聽別人。當時我不顧一切，向他破口大罵：「你可以收聲嗎？」他果然立刻住口，一直沒再吐出一句話，我似乎「成功」了。其實責難不過是我的擋箭牌，因為我已束手無策。聚會中途他悄悄離開，之後，我再沒有遇見這個團友。我心裏很內疚，怪責自己沒有控制好情緒，以大欺小。我心裏很痛。要得一個青年人難，但要令他離開卻易如反掌。

這個大錯至今難忘仍提醒着我，我沒有過人的素質，只有甘願被神使用的生命，讓神在自己身上工作。

此後，我也遇上一些很難應付的青少年。但我學曉了，心裏先頓一頓，探探心底的感受，之後才慢慢處理。我可能會説：「你的意見很好。你也想聽聽別人對你的回應吧？你不妨問問他們？」先肯定，後鼓勵他學習與人連結。

Ringo

建立信任階段

經過一段日子，我總算學會如何接近青年人，他們對我也建立了初步信任，太好了！不過當我進一步與不同的青年人接觸，發現他們各人性格各異。好！我要出盡法寶，教好他們！

我可以與青年人傾談了！下一步，我要影響生命！成功栽培青年人。但有些青年人的問題古怪，有時我都會判斷錯誤，無法對症下藥，更別説要陪伴他們成長。

04 把耳朵放到他心底

我以為自己花心思幫助青年人上進，誰知他需要的根本不是這些，我要花的是時間，切實地了解、聆聽他。

他為何無心練習？

團友中有個叫偉光，平素熱心助人。他剛大專畢業踏入社會工作，是 Ann 的重點關心對象之一。可是，Ann 總感到難以跟偉光深入交流，為了栽培偉光成長，她鼓勵他多參與教會事奉。一次傾談中，偉光透露自己有興趣彈結他，羨慕同輩可以參與教會的敬拜隊。於是，Ann 自然樂意親自指導，偉光便應承會多練習和勤靈修。

一個月過去，Ann 發現偉光並沒有努力練習結他，進步緩慢。而且，他常推説放工後很疲乏，難在家中靈修。

一次放工時間，Ann 在街上遇見偉光，便上前問候他。

偉光語氣中滿有歉意地説：「對不起，其實我很想練結他和靈修，但總找不出時間。」

「你工作很忙？」Ann 柔和地慰問。

「不盡是。」偉光支吾以對，面也通紅起來。

Ann 心想：「既然不太忙，究竟發生什麼事？」於是轉移話題：「你通常何時放工？」

偉光面上露出一絲慚愧，聲音更微小：「大概六點左右。」

Ann 好不容易才聽到回答，感覺不對勁，問道：「之後？」

「回家吃晚飯。」

Ann 想了一想，斬釘截鐵道：「這是説你應該有時間。」

偉光一時不知怎反應，在無可奈何下，惟有附和 Ann 的結論，便説：「可能我不懂得善用時間吧！總是將時間花在 Facebook 上。」

「那麼，我估計你是管理時間方面出了問題。」Ann 再次回復那柔和聲線。

之後，Ann 花了整句鐘指導偉光如何善用時間等等。

約兩個星期後，偉光仍然沒有很大進展，Ann 開始心裏焦慮，疑心偉光只會渴望人家成就，自己卻不願付出。當時，Ann 心裏反復思想，怎樣可以教偉光反省過來。如果自己態度太強硬，又怕傷害他；太間接，又怕沒推動力。Ann 感到好無奈，明明自己付出過努力，但對他卻無幫助，Ann 真感到一籌莫展。

我估計你是時間管理出問題。

偉光沒練好結他，Ann 主觀理解為「沒有時間」，然後就給出一大堆解決方案，還以為已經對症下藥，可是給偉光的幫助很有限。為什麼會這樣？

Ann 已不是初做導師了，對團友她願意用心聆聽，但不是每次傾談都順暢。有時候，她明明感到對方有難言之忍，卻無法準確掌握對方心情，彼此的交流就停滯不前。怎麼辦？

前進的關鍵在於「弦外之音」。這個弦外之音就是偉光內心的聲音，即是他真正的困擾和需要。很多青年人因為對自己認識不足，或者不信任他人，難以表達內心的聲音。因此，要仔細聆聽人內心的聲音並不容易。

如果我們細心觀察，會發覺對話中偉光的表現和對答，流露了他內心的歉疚和害怕。

偉光樂於助人，也有心學習結他。他與 Ann 對話時顯出萬分歉意，可見他實在是有心無力。作為導師，首要是體會那份無力感，當偉光的無力感遇上導師的「熱切關心」時，又轉化為恐懼，偉光因害怕被責罵，更變得難以啟齒。所以當導師對話時，不要太快下判斷，反而要儘快掌握這種內心狀態，然後扭轉溝通角度。

聽出弦外之音

且看 Ann 如何學習扭轉角度。

「既然你說自己不太忙，是否有其他難言之忍？」Ann 嘗試探索偉光那份為難。

「我感覺你很想學好結他，然後加入敬拜隊，是嗎？」Ann 再給偉光肯定，好增強偉光的自信心。

「嗯！」偉光微微點頭，感覺 Ann 明白他的苦衷。

Ann 嘗試找出原因：「你認為困難在哪裏？」

「我不知道。」偉光的回答像個小孩子，Ann 感到他的苦惱。

Ann 沒有放棄，明白他可能未掌握自己的問題，便耐心地繼續引導：「我見你一向是個很熱心的人，用心學習結他，我相信你是有決心的。」

偉光更用力點頭：「嗯！」停頓了片刻：「我已經學了一個多月，還是一事無成！」

「嗯！明白。似乎你不滿自己的學習進度，開始想放棄。」按導師平日對他的認識，知道偉光是個比較內向和自卑的人，所以進一步探索：「你是否感覺學習不如理想？」

「你怎知道？」偉光很愕然，望着 Ann。

Ann 問對了問題，偉光的確對學習結他有點灰心；然後，Ann 繼續探尋灰心和想放棄的原因，漸漸地，Ann 發覺要處理的問題並非時間管理，而是偉光的自我形象。這就是弦外之音。

扭轉角度

當我與青少年對話時，心裏總會提出一道很簡單的問題：「他想向我說什麼？」溝通就是要了解對方想說什麼。但難度在於：

· 我們太習慣以個人角度去看事情，從自己出發；

· 我們太習慣只聽別人表面的意思來掌握對方的用意，卻忽略了每個細微的表示、回答方式、遣詞用字，甚至忽略了對方平日與現時的分別，究竟反映着他怎樣的心境，渴望什麼？其實他可能想說：「我對你生氣」、「我很害怕」或「我想放棄」等。

我的學習

原來我太主觀，留意不到偉光真正面對的問題，一句就判定了他。

怎樣可以教偉光反省過來？

你有無遇過偉光這種青年人？表面模稜兩可，以為他是「無動機」，但他對自己有要求，也希望有良好的信仰內涵，積極事奉。其實，他內心充滿矛盾——既有理想、想有成果，但又感到無力。

有理想，無過程

很多青少年空有夢想，但未能擬出實際的計劃，最終事與願違。正如偉光對自己期望很高，希望短時間內練得一手好結他。可是，他未必計算清楚平時要花多少時間練習。所以我們幫助青少年的第一個介入點，是讓他們認識學習需要一個進程，進程中要有計劃、決心和堅持。

另外，偉光那份無力感也來自「辛苦」得沒有價值，「我練習了一段時間都不見成績（或者無人看見）」。這是工作者第二個介入點，體諒和安慰青少年的苦惱和對自己的失望，之後指出他付出過的努力和成績。

這個例子其實反映着現今社會的「即食文化」，凡事要「快、狠、準」，上網、手機運作速度、信息流布要快。青少年未必個個急功近利，但他們的確活在一個光纖的世界，忽略了成功須努力，循序漸進的道理。

上一章提到只着重追求成功和成就的文化，實在是一種「成功主義」，與「功利主義」或「效率主義」密切相關，將人機械化，埋沒了人性化的一面。其實每個人（包括自己）都有自己的理想，須要被愛。生命工程，不可能空談理論，缺乏對生命的尊重和反省。

導師既要抗衡這種傾向，勿以為急急提供即時解決方法去打發青年人；也當幫助青年人學習一步步完成理想和目標，而非單單只求效果。

有心事，開不了口

不要單以為在初認識階段，青年人才會表現冷漠，或不懂表達自己；事實上，很多同行者向我分享與青少年溝通其中一項困難，是青年人有主見，心裏有話想說，不過害怕被責備，或者難面對他人，最終不是支吾以對，就是口是心非，或者有口難言。我們只有了解他們表達的困難，才能幫助他們突破。你可能曾經接觸過以下青年人：

1. 自我認識不足。前文提過，青少年在成長中希望認識自己更多，但不是人人都能清晰掌握。他可能不了解自己對一些事物的看法和感受，只懂直接反應，尤其男孩子更難認清自己的感受。例如：被人欺負，一個膽小的學生未能察覺自己內心的憤怒，只說：「算了吧！都沒法改變的。」所以，他惟有站着傻笑，表面沒反應、沒行動，但內心卻很難堪。

2. 缺乏信任。信任，指「我認為你應該不會傷害我」，甚至是「我相信你會對我好」。如果青少年尚未充分信任你，自然不會向你傾心吐意。這時候，你要嘗試了解他的害怕，猜想他如何看你，如何猜測你的反應等。嘗試在溝通上增加對方安全感吧！例如微笑、輕聲、說話速度慢一點和多點頭肯定，都有幫助。最重要是重視他的感受。

3. 腦海一片空白。青少年很多時候因心中太多思想、太多情感，反而令腦袋擠塞，反應遲鈍，甚至啞口無言。這時別太快認定他們頭腦簡單，反應冷淡，沒有思想。要多給時間，更多耐性去溝通。

4. 表達含糊。現今不少青少年習慣簡化、含糊的表達，可能是受潮流文化和周遭羣體影響。例如「OK 啦！」就令你莫名其妙，究竟「OK」指「普普通通」還是「很好」？我建議你要引導青少年作進一步解釋，更具體地表達感受。我有時會笑着反問：「究竟是 OK 好，還是 OK 差？」「如何好法？」或者給他們「選擇題」去幫助表達，也是一種方法。例如：「你感覺是惱他（得罪他的一個人），還是對他很失望？」供他選擇。

我的學習

原來青少年無動力有這麼多原因，我真的要好好認識他們的需要。

我明明付出過努力，但又推動不到他。

可能工作者會說：我經驗不足，或者對一些青少年認識未深，未能立刻給對方適切的回應，加以推動。不要緊，我們可從聆聽開始學習。

輔導有個概念叫「深度聆聽」，這門課不容易。聆聽者不但要豎起耳朵，耳朵更要愈多愈好。你會問，人人只得一雙耳朵，怎能愈多愈好？其實我們身上有「五隻耳朵」。

第一和二隻耳朵：專心與用心

每人都長了一雙耳朵，可是，並非人人都會善用。要聆聽得好，必先專心和用心。專心指在對話中的專注力和心無雜念；用心，或稱同理心，指代入對方的內心世界，掌握他的狀態。知易行實，要專心和用心往往會遇上困難：

- 心太急：欲速則不達，我們有時想儘快幫助青少年達到目標，所以腦海中已有牢固的假設或解決方案；

- 主觀：由於太專注自己的議題（agenda），只想設法從對話中找機會，帶對方進入自己的議題，這樣對話時容易忽略青少年的議題和語流（flow）。

在這兩種情況下，聆聽者內心的焦急和緊張大大影響聆聽時的耐性、專心和用心。

- 缺乏了解：對青年人的個性，在人前的不同表現、說話方式和風格、愛惡，及他對你的印象等掌握不足。既然不了解，不如少出聲，少建議。
- 缺乏思考：與青少年對話時要運用智力和想像力，要經常反問自己：「究竟對方想向我說什麼？」有時我們要明白他當時的真正感受，想像他們的目的和需要。

這兩種情況反映聆聽者平常少做功課，沒有細心觀察和認識青年人，以致一知半解，甚至先入為主和誤解。

所謂聆聽，其實不光是用一雙耳朵，也要動用你的五觀觀察和感覺。包括，留意他們的語氣、說話速度、動作、視線和坐姿等等。例如一個人說話愈來愈急速，他可能帶點焦慮；如果對方雙眼朝向一方，輕輕眨動，他可能正在思考。

下面有幾個普遍的難解之惑：

無眼神接觸：有時你會發現跟青少年對話時，他們跟你沒眼神接觸，甚至完全不望你。或者你會覺得他們不尊重你，沒留心聽。但據我的經驗，很多時候他們其實在聽，而且聽得很清楚。他們不過想表達無聲抗議，並展示一種姿態：「我不喜歡你說的話（但我仍然聽着）。」我們須要細心觀察，用心去「聽」。你可以說聲：「對不起，我剛才的話是否令你不舒服？」

「不知道！」：當青少年這樣回答，必令你無計可施。這時你不用終止對話，或者強迫他回答。其實，我們只要鑒貌辨色，便會發現出路。你或者可以問：「你是否不想回答我？」

目光迷惘：他可能真的想不通，或感到很混亂。不過一般青少年對很多事物都有分析和判斷力，只欠一分信心。你可以說：「你仍要想一想，可以的，你努力試試講，不用擔心對錯。」

一肚氣：你的問題正好衝着他而來，他可能正在生氣，就算你再問下去，也不得要領，倒不如退一步：「你不想答，可能是我的話令你不舒服。對嗎？不好意思。我想，你會有自己的想法吧！」

第三隻耳朵：聆聽自己

人在互動中彼此牽引和影響，雙方都會產生不同的感受和反應。聆聽者清楚掌握自己的內裏狀態，才可以了解對方的內裏狀況。

留意自己有兩個步驟：

- 留意自己的內心感受和身體反應。Ann 可以在對話中，先接觸內心的焦急和不滿，一方面幫助自己儘快平伏，另一方面嘗試思考這份焦慮是否反映她對偉光不滿；
- 回想過去對方給你的正面印象和事件，還有你們之間的關係。譬如 Ann 可以回想當日偉光想學結他時的決心，確認他是個有心人，然後放下成見。而且，只要稍為了解偉光多一點，也不難發現他是個自卑的人，這樣 Ann 就可以找到問題所在。

第四隻耳朵：退一步的溝通（Meta-communication）

Meta 是希臘文，意思是置於一件事物或事情以外。Meta 的溝通就是在溝通時或之後，退一步、抽離一陣，以「置身事外」的角度，猶如將剛才的溝通過程錄影下來，重播觀看，一面

看，一面思想溝通過程中發生過什麼事？

- 溝通的聲線、語氣和速度如何？
- 溝通時的氣氛如何？愉快？沉悶？充滿火藥味？
- 溝通由誰主導？由你？由青少年？一半一半？

這種檢討，有助我們反思溝通中有何困難和阻礙，有助日後改善。我們可以用本章的故事作練習：

- 對話由偉光引發，他語帶歉意，可能代表他心中已帶着一個疑難想找 Ann；
- 之後的對話由 Ann 主導，她更向偉光連珠發炮，令偉光透不過氣。偉光的回應開始帶點敷衍，只為應付 Ann 的提問。

如果 Ann 當時運用退一步的溝通，留意現況，便能立即停止發問，重新聚焦偉光遇上的疑難，溝通就會找到出路。

第五隻耳朵：屬靈的耳朵

基督徒相信聖靈賜我們合而為一的心，使我們藉有效的溝通和交流，學習相處、支持和包容。有時候，當我要替人輔導，或者準備一次重要的對話時，我會好好祈禱，求聖靈賜給我聆聽的耳朵。有時候，我甚至會一面對話，一面心裏祈禱：「聖靈呀！求你幫助我明白他在說什麼。」

即使你不是基督徒，也可以藉一些心靈練習，增進自己的聆聽能力。近年流行心靈操練（Mindfulness Exercises），包括安靜、默想或慢食慢步等。你不妨嘗試多抽時間安靜反省，感應自己的情緒，讓思想隨意遊走於不同人物身上，有時穿梭過去現在將來；或在溝通前深呼吸，自我提醒，都是可行的方法。

其實人有很多限制，言有盡而意無窮。溝通的學問，窮一生也學不完。

附加：第六隻耳朵：失聽的耳朵

悄悄告訴你，其實還有第六隻耳朵，不過這隻耳朵是聽不到話的。

輔導有一種概念叫「不知道」（not knowing），即對方沒有說出來，聆聽者根本不知道內容和底蘊。「不知道」是個很重要和很有用的心態。

有本書叫《為什麼我不敢告訴你我是誰》。「不知道」的精神是忍耐，忍耐對方尚未有足夠信心和膽量告訴你。不錯，很多青少年都未必立即想跟你傾心吐意。等候吧！尊重他們的狀態。有日，當他們體會你的真心實意，就會向你說出心底話；即或他們始終不肯說，也要尊重他們的選擇，接受我們會「不知道」。

「不知道」也是一種察覺。察覺對方說話中一些「留白」的地方，假設你認識一個年輕人，他從來沒有提過他的母親，卻有提及其他家人。你會如何想？他母親可能已過身，或關係惡劣。又假設你與青年人談起放假的事，他提到與一班朋友去唱K，當中有一個新異性朋友；突然，他轉了話題，取笑另一個同性朋友。你會如何想？可能他對這個異朋友有點曖昧感情。這時你不妨將這些點滴的「知」與「不知」存在心底，成為他日溝通的好材料。

工作者的成長故事

「神呀！求祢幫助我。」

有一次，我與一位有嚴重情緒問題的青年人對話。他表達非常激烈，喋喋不休，一口氣說了半小時，我一點插話的空間也沒有。不過，他的話題空泛，東拉西扯，不着邊際，我根本無法掌握「他想向我說什麼」。我心裏不住祈禱：「神呀！我很想明白他，但我什麼都聽不到，只有祢，祢是察驗人心的主，求祢幫助我。」不久，我焦躁的心平靜下來，內心驀然響起一個男孩子的聲音：「我很辛苦！」我的心即時軟化下來，還有點酸楚。我遂向他說：「請你停一停。我有件重要的事要向你說。」我眼眶感到　點熱，便說：「我感覺你很辛苦呀！」他即時怔，呆了一刻，再歎氣說：「對，其實我很辛苦，一直很想有人明白。」他的眼淚隨即奪眶而出。

Ringo

E世代的溝通模式

青少年回家第一件大事是什麼？上網。除了上學，青少年大部分時間會做什麼？上網，青少年與網絡可說是共生的。網絡改變了人的生活方式和節奏，更影響家人與青少年的關係。這個補給站會探討青少年的網絡文化和溝通模式，以免我們誤解或過分吹捧網絡的威力，也讓同行者多關注青少年的身心靈狀態，了解他們的渴求和困難。

網絡多功能

我嘗試概括青少年使用網絡的三種方式：

- 消費（Consumption）：由消磨時間、網絡遊戲、娛樂（YouTube）、搜尋資料（Wikipedia），到交易（Groupon, Amazon, eBay）都屬消費。
- 建造（Construction）：在網上開設個人帳戶（Twitter, Facebook），撰寫網誌，塑造個人形象，都是建造過程。
- 結連（Connection）：引人注意，與人交流、敘舊或結識新朋友（WhatsApp, LINE），建立不同組羣，都是與人結連。

三種網絡功能也可以：一面玩網絡遊戲、一面與朋友交談；一面貼上自己的作品，一面閱讀別人的讚賞或意見。有了網絡，生活增添很多色彩和情趣，也花掉不少時間。不難想像有些人獃在電腦前多個小時，最後不曉得自己在做什麼。

網絡溝通的優勢與限制

網絡溝通有三個重要向度：時間、空間和身分。網絡科技為以上三個向度開創了新局面，縮短時間、地域和人與人之間的距離，重新定義人的身分。因此，網絡作為一種溝通工具，為人增加更多關係的空間（Relational Space），可是也會帶來苦惱和反效果。

1. 時間（Time Space）

網絡的有利之處是即時，縮短溝通時間，增加人與人之間的親密感和同步性。青少年在 Facebook 剛剛更新近況，朋友已經可以即時回應，彷彿身邊常常「帶着」朋友，不愁寂寞。

此外，因時間縮短，人變得多功能（multi-tasking）和多目標（multi-target），青少年可以在一部小小的手機上一面打機（與人比賽），同時攝影，又將相片透過手機發放給朋友。而且，只要按一按，一個信息可以同時發放給包含很多人的組羣。

- 快，青少年習慣快發放、快回覆，根本無暇細想每個字每句話，容易説錯話、得罪人；而且，缺少時間從對話中留意自己和他人的反應和感受；
- 趕，在即時對話平台，溝通以分秒計算，令回應者有時透不過氣，或者等待回覆時感覺難忍，青少年變得缺乏耐性；
- 忙，手機太多功能，青少年在溝通上缺乏專注力，個個變成「低頭族」，忙於收發短訊，不但令身邊人感到不受重視和尊重，而且就算一羣人聚在一起，卻形同「獨處」，我取笑為「聚集中的獨處」。

網絡的溝通也不一定要即時的。當人在網絡上留言，朋友可以在不同時間閱讀和回應，也可以考慮清楚後才回應。不過，當時間變得更具決定性，青少年哪有空間停下來想一想呢？

2. 空間（Spatial）

網絡消弭了地域阻隔，為人際關係製造一個彈性和無隔閡的空間。有些青少年組織 WhatsApp 小組，隨時隨地與身處異地的朋友分享和交流。

此外，當青少年在網絡開設 Xanga 或者 Facebook 戶口，有個人特色，就像開創一個私人領域，吸引不同人參觀。

不過，當青少年只管投入網絡的空間，有可能失去了真實世界的空間：

- 若朋友都只會投入一個虛擬世界，可能忽略現實中面對面的關係和連繫；有些青少年只懂跟網絡朋友文字連繫，卻不懂與人對話溝通；
- 沒有眼神或其他感觀交流，減低實在感，單用文字（text-based）的方式也容易產生誤會；
- 如果每秒每刻都在接收和回應很多資訊和消息，沒有適當限制，會失去私人空間。我試過手機不斷出現 WhatsApp 信息，有時會令自己分心，不能集中精神做事或跟朋友對話。

3. 身分（Identity）

匿名性（*Anonymity*）

網絡上不用即時和實地的接觸，可以匿藏、改變、塑造個人身分，這是匿名性的優勢。有些青少年匿藏於虛擬身分下，會更勇於表達，暢所欲言，流露最真實的一面。正面地説，青少年在網絡上可以經驗過渡性的身分（transitional identity），在自己塑造的較安全或自信的身分下，漸漸表露真我，從中達到自我發現，了解自己的渴望和理想。例如一個愛寫作的青年，平日表現退縮，但在網絡發表創作的過程中，漸漸變得勇敢，肯定自己的寫作專長。即使部分平日寡言的青年人，因為網絡相隔，得以控制對答的速度，感覺安全，青年工作者在網絡上可能更容易接觸他們。

相反，這種優勢也可能被扭曲成一種過度消費式的身分（consumption identity）。嚴重缺乏自信的青少年可能長久沉溺和躲藏在虛擬身分下，沒機會發掘自我。或者，有些青少年濫用匿名性的特點，做出不負責任的行為，或任意攻擊他人。

羣體性身分（Group Identity）

當青年人加入一個網絡組羣，便增添一種羣體性身分，例如在 Facebook“like”了一個藝人，便不斷收到這藝人的資訊，自然地成了 fans，也與其他 fans 連結。這就是羣體性的身分。

網絡世界產生出一種名為新部落性（Neo-tribal）的身分。以往，人類以家庭和地域畫分羣體，聚集成部落。當文明發展，人再以體制（institutions）畫分，例如政府、教會和學校等。到網絡時代，人與人可以無界限地發展出不同的「部落」。除了過去傳統的分界方式，人還可以以興趣，或共同關注的事物、討論課題或觀點等組織起來。有時候，對話可以是跨羣體的，我的小學同學可以在 Facebook 上與我的中學同學，藉討論一張相片而對話。所以，這種身分是流動的（fluid）、偶然的（occasional），及多重的（multiple），令青少年感到自我身分更豐富、更精彩，同時也可能更混亂，忘了自己究竟是誰。

穿梭於實與虛的溝通

有些青少年在人面前未必會真誠地表達自己，在網絡反而暢所欲言，表現真我。他們在網絡上得到的認同和肯定，轉化為在現實世界生活的推動力。現實生活中的壓力和困擾，又透過投入網絡世界的人際關係而紓解。

很多人容易將現實和網絡世界過度地二分，認為網絡世界就是虛擬世界。可是，當青少年穿梭於真實與虛擬的人際關係時，兩個「世界」根本沒有虛實之分。我認識一個不擅交際的男孩，人稱宅男。他愛好網絡遊戲和動漫，經常在網上結交志同道合的「朋友」交流。有時，他們會相約外出購買或交換遊戲，或追捧心愛的動漫偶像或 Cosplay 人物。但他們的關係是「機動性」的，有事就交談和見面，無事就「解散」，甚至不相往來。但他卻很重視這種關係，當網上「朋友」胡説八道、胡亂評價他，又會影響他的情緒。

我又認識一個男孩子。他從朋友 Facebook 名單上發現一個漂亮的女孩子，就主動 add 她。從此，二人在 Facebook 上私語交流。後來，男孩子開始發出一些調情、挑逗的言語，想玩一下，對方似乎不介意這種意淫的溝通，以為不過是虛擬和好玩。在網絡世界，他們不知不覺觸及了內心的黑暗面和性慾望。他們平常生活都是正經人，一旦進入網絡世界，會説出平日不會説的話，更不斷試探對方的底線。當言語、幻想、交流、關係等等混為一體時，他愈踩愈深，談話逾越了道德界線，最後雙方見面，發生了後悔莫及的事。

你可以辨別什麼是真實，什麼是虛擬嗎？

文字（text-based）溝通的復興

古代主要以文字或言語溝通，近代科技發展，人透過電話直接對話溝通，現今網絡發達，我們又重新運用文字為主要溝通媒介，實在是個很有趣的現象。文字的限制是看不見表情、聽不到語氣，減低溝通的效能。作為同行者，同時是網絡使用者，在網絡上與青少年溝通時，要多加留意：

- 文字可以讓人更細緻描述內心的感受和事情的細節，有時比面對面溝通更深入；
- 在網絡上，純文字也可以圖文並茂，再運用「表情面譜」，或者加插影像和歌曲，輔助情感表達；
- 文字一般給人感覺生硬，所以溝通時要注意遣詞用字和標點符號，一個「感歎號」都會容易引起誤會；
- 網絡溝通有時只能作中介人，對於一些敏感的內容或題目，可以先用文字引起討論，別忘記邀請青少年出來當面溝通。

善用 Facebook

截至 2012 年 1 月，Facebook 的使用人口已達 8.5 億，超越美國總人口的兩倍。香港有五成人使用，在亞洲的人口比例排行第三。Facebook 是社交網絡（Social Network），將人與人連繫起來。多年來，它毀譽參半，有人欣賞它為青少年提供「聚腳地」，有人卻批評 Facebook 令青少年變得更自我和個人化。最近，我在 Facebook 上看到日本網友列出奇型怪相的用戶，當中有否你認識的青年人：

- 隱身型：只看他人狀態，不發言、不按讚；
- 牙牙學語型：發言幾乎全無內容，只會「哈哈」、「呵呵」；
- 濫交型：不管認識不認識，只要順眼就可加入為好友；
- 憂鬱型：常留下消極留言，攪動朋友的情緒；
- 按讚型：不管朋友發表任何無聊狀態或照片，一味瘋狂按讚；
- 主角型：總是會發一些動態，引起人家去問：「你怎麼了？」你一旦回覆，他就會掏心掏肺與你談心，要當別人心中的主角；
- 雷達型：無論人在何處、和誰一起，都打卡更新狀態和位置。

其實，只要我們細心留意青少年的網絡行為，使用 Facebook 情況，可以側面了解他們：

· 沒有知心朋友，感到寂寞，想獲取他人的注意；

· 不懂得面對面表達自己，或者感覺別人不明白自己；

· 沒有正常的生活模式（routine），只花時間在 Facebook。

有人認為不用理會他們，免得令他們更依賴網絡。但我不認同，如果他們感到不被重視，反而變本加厲。青少年導師不如善用 Facebook，反而可更有效關心他們。

1. 留意青年人 Facebook 上的近況或有關話題，作為見面時的開場白。當他們知道你留意他們，會感到被重視。不過，要表達關心，不是八卦。

2. 當你想肯定他們，不要只按 like，最好寫上具體的肯定字句、讚賞和意見，建立他們的自尊感。

3. 可以引用一些正面的資訊，圖文並茂，方便青少年吸收。更可以邀請他們回應，讓他們學習表達和細心思考問題。

4. 建立 Facebook 的不同羣組，加強不同年齡組別、興趣、團體的人互相交流。

5. 利用私人信息查詢青少年敏感的問題，最終期望面對面交談。

6. 給青少年祝福：在他們的生日、特別日子和取得成就時，給予具體、衷心，甚至創意的祝福和禮物。

7. 藉他們在 Facebook 上的自我介紹、相片、朋友圈子、表達方式，更多面和深入地認識他們。但不要停留於此，最好把握機會見面，表達你對他們的看法，幫助他們更認識自己。

8. 同行者也可以藉 Facebook 介紹自己，讓青少年認識你，增加對你的興趣和信任，也認識成人世界。順帶一提，你在當中的言行舉止要非常審慎。

9. 貼上一些輕鬆短小的金句、生活智慧等信息，又或者勵志歌曲和圖片。更可以在 notes 中，寫上一些有深度的分享和經歷，類似給年輕人的信，並鼓勵回應。

10. Facebook 上的罵戰，反映現代人不敢面對面處理衝突，只會在網上平台「單向地」表達（你有你講，我有我罵），又或者以為發表了毋須負責任。同行者要打破這局面，邀青少年直接對話，可以先約一方，再約另一方。在討論過程中，不單了解實情，更要引導他們理解當中的矛盾和衝突點，進而指導他們如何直接向他人表達。

科技讓人們重新定義人際間的連結，同時也幫助我們確認自己的價值和方向。請記住，網絡不是一堆資料，或者一個名詞，而是「動詞」，視乎你如何運用。

05 生命成長不能催迫

我希望青年人變得更成熟、更獨立；但我卻無認真去了解究竟他們的困難和情況，生命原來不能着急。

你咪咁唔成熟，好無？

星期五晚上九時多，Ann 經過一天的工作已很疲累，忽然收到來電。

「Ann，糟糕了！阿俊突然說明天不准我們上他的家去玩。那明天的家聚活動怎麼辦？」小組長阿恆帶着既無奈又焦急的語氣說。

「發生什麼事？為何突然改變主意？」Ann 感到愕然，心想:「這個小子怎麼搞的？都已經中五了，鬧情緒也要顧及別人吧！臨時『縮沙』，叫我們怎樣安排？」

Ann 立即撥電話給阿俊問個究竟。「喂？阿俊，阿恆說明天不能去你家？究竟發生什麼事？」

阿俊不耐煩地說：「心情唔好呀……」

Ann 聽了這個答案，心情開始煩躁起來，也為着明天的安排而焦急，她怕大家會掃興，所以她不禁訓示起來：「心情唔好？

但明天就是家聚了，你突然不讓我們去你家，即使我們想安排去另一個地方，也來不及呢！」

「唔知呀……總之我家不方便，你另想辦法吧！」

Ann 不自覺心中有氣：「如果你家不方便，你應該一早提出啊！你前一晚才突然提出，你想想，其他人怎麼辦？別這樣孩子脾氣吧，你應該學習成熟地處理你的情緒，這樣感情用事會影響他人的，你知道嗎？」Ann 自覺難掩激動的心情，不過也努力約束自己，勿說出傷害性的話。

「就算是我錯吧！你滿意啦！」阿俊掛線了。

Ann 心裏嘀咕：「我又不是這個意思！」她被阿俊的不成熟行為氣壞了，還要為第二天的家聚活動張羅，煩惱極了。

你應該一早提出啊！

有人取笑今天的大學生中學生化，中學生小學生化。青年人不成熟、不負責任的行徑常常氣壞了一眾青少年工作者。像阿俊一樣突然改變主意、反面、一走了之，甚至「爆喊」、動手打人等情緒化的表達，更加令我們不知所措。

故事中 Ann 嘗試即時教導青年人要成熟地處理情緒、要顧及別人的感受等等，這都是好的，也是青年人要學會的，不過當時是否合適時機？被情緒籠罩着的阿俊根本不是處於受教的狀態，這時施教肯定事倍功半。況且 Ann 與阿俊的關係仍處於建立信任的階段，這番「硬施教」必然會令阿俊認為 Ann 是個漠視青年人感受的長輩，對建立信任實在是大忌。

難道我們什麼也不做嗎？不，教導的大前提是注意情緒。若青年人的情緒表達非常激烈，你的確需要給予時間、空間，讓他的情緒平伏下來，然後再找機會對話。若仍然有對話空間，你可以先安慰他、表達關心，嘗試了解情緒背後的故事。

除了讓青年人有時間、空間平伏情緒，工作者也要察覺自己的情緒。如果情緒被掀動了，就要先平伏下來，切忌在激動情緒下施教，以免説錯話。例如當 Ann 得悉事件後，心中不禁湧出對阿俊的不滿，這種情緒促使她急忙擺平阿俊的表面問題及翌日的事務，反而沒半點心靈空間關心阿俊為何「心情唔好」。

惟有你自己不被情緒牽動，才可以進一步分析，找出最能引導青年人的方法，同時累積青年人對你的信任。

我的學習

與青年人溝通，如果雙方情緒被掀動，我們還是先冷靜一下好。

別這樣孩子氣吧！

今日的青少年常被批評不成熟、責任感偏低，說到底，可能因為他們成長的環境太受保護了，沒有足夠機會讓他們跌跌撞撞地學習成長。有時候，他們不容易直接接受成年人的引導。青少年工作者要體諒青年人種種成長狀況與心態，接納他們既直接又幼嫩的處事作風；從旁引導青年人分析事件、權衡輕重、衡量後果。我說「引導」，是指以引導性問題幫助他們分析，而不是告知他們答案，甚至代做決定，否則他們永遠也不會學懂。

何不接受引導？

引導什麼？青少年由一個被家長照顧的孩子，長成有能力獨立處事的成年人，過程中要學會人際技巧和情緒處理。小孩子面對世界時的焦點是自己，情緒表達直率，喜歡時會笑，不喜歡時會哭。步入青少年階段，他們要學習轉移焦點，由個人擴大到羣體，並在自己與他人的需要上取得平衡。這個學習對仍自我中心的青少年來說很困難，他們或會處理得很差，甚至因不懂處理而逃避。在情緒表達上，青少年縱然不會像小孩子一樣時而哭、時而笑，但他們仍傾向直率表達，不能好好控制情緒，而出現一些成年人認為不成熟的行徑。不過他們要藉這些成功和失敗的經驗，磨練出成熟的個性和人際技巧，所以我們應該視每一次問題為青少年成長的契機。

只得一種解決方法？

青年人的人生經驗淺，看事情的角度較狹窄。他們經常會掉入一個思想圈套，以為面前的問題只有單一的解決方法。當方法行不通，他們就會逃避，阿俊的故事是真實個案，他突然改變主意，是想拒絕組內一個得罪他的組員到訪。可惜，他心中的方法行不通（叫小組長不要邀請那個得罪他的組員），於是便用逃避來解決問題，索性拒絕所有人，亦不作解釋。

朋友不和，當然不只「拒絕見面」一種處理方法。我們可以向青年人示範不同角度看事情，多於一種方法處理，犯不着用激烈的手法去回應。當青年人嘗試過另一種方法，能處理好問題，這次的成功經驗便能支持他們跳出固有的思想框框，造就成長契機。當然，過程中，要讓青年人有選擇的空間，不要強迫他們用我們認為最好的方案。自願性學習是最有效的。

怪責不一定教人知錯

如何吸引青年人嘗試新方法呢？首先，我們要避免怪責性的言詞，沒有人喜歡被怪責，要青年人自願改進，先別嚇走他們。你可能會問，不指出他們的錯處，他們豈不是不會知錯？尤其是大是大非，怎可以不知錯？先想想，你想青年人知錯，還是想他們改好？知道自己錯，甚至活在罪疚感之中是不足夠的，他們更要進一步認識什麼對自己好，什麼對自己不好，將來才能作出對自己最好的選擇。換個說法，我們不是不指出他們的錯處，只是我們不用「錯」的說法，而是用「損人」或「害己」作為切入點，幫助他們分析利弊。真正的知錯不是別人告訴你你犯了什麼錯，而是當你真心明白自己做了一些害己害人的事，內心那份懊悔令你知錯。還有，有時要狠下心腸，不替青年人「補鑊」，青年人口頭上認錯，還不及親身承擔後果（他們能承擔的後果），明白自己害人害己，從錯誤中學習。

誘導元素

我們也可以運用一些他們關心的事物鼓勵他們改進，例如：這樣做異性會認為好嗎？這樣做會多些朋友嗎？愛情、友情及自我形象都是青年人最關注的，較易吸引青年人改善。至於成熟度、責任感，未必是青年人最關注的素質，當你要帶出這些成年人關注的範疇時，可以指出成熟、有責任感的男孩子才使女孩子覺得可靠、有安全感，也會較受朋友喜歡。當青年人進入高中或大專階段，開始思考工作前路時，可慢慢灌輸成熟度、責任感等素質在工作場所上的重要性，鼓勵他們改善，以免進入職場時吃虧。

我的學習

青年人仍在成長過程中，一旦面對困難，難免想不通，我真的要更有耐性引導。

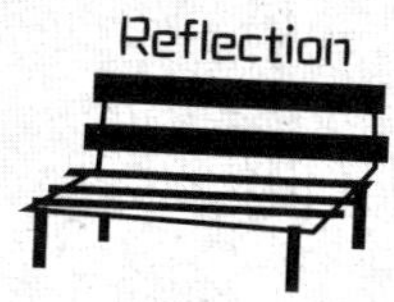

我被阿俊的不成熟行為氣壞了！

沒捷徑的生命工程

上一章提及聆聽，目的就是要發掘背後的故事。面對青年人的不成熟，成年人容易只着眼於表面，急於糾正，要他們成熟處事、要有責任感，反而忽略了「他們為何會這樣？」就像故事中的 Ann，這也是工作者經常犯的毛病。

發掘背後的故事需要耐性與時間，這兩樣正是忙碌的都市人所欠缺的。記得在一個工作坊上，　位中學老師問我：「如果只有十五分鐘小息時間，我可以怎樣快捷地處理學生的問題？」聽罷，我不禁憤怒起來，「在你面前的是一條寶貴的生命？你竟然想用短短十五分鐘 quick fix 他的問題！」生命工作沒有捷徑，可悲的是部分青少年工作者只花非常有限的時間，只顧處理表面問題，忽略背後的原因。

代入處境

當我們有時間去了解青年人不成熟行為背後的原因時，還要留意自己會否仍然站在成年人的立場去看他們的問題。

前文多次提及，成年人容易視青年人的不成熟行徑為小題大作，雞毛蒜皮。所以容易對青年人説：「到你長大之後，這些事情就算不得什麼。」這種以成年人角度出發的思維方式，顯示我們只會站在高地，否定青年人的感受、需要及重視的事情，不但無法幫助他們，亦會破壞建立信任的機會。

我們必須尊重青年人的感受，學習代入他們的處境，從他們的角度看事情。代入的功夫不容易學，始終我們已經不再年輕，以下幾個步驟或者可以幫你一把：

- 先放下成年人固有的一套，心中停止批判，停止為青年人提供解決方案；
- 少説話多聆聽，尤其要用多幾隻耳朵去聆聽；
- 試回想當你年輕時，或許有類似的幼嫩心態或言行；
- 找出青年人的言行、感受及背後原因之間的關聯；
- 多問自己，如果你是他那個年紀，會有什麼感受及反應。

讓你的故事做教材

第一章提過，青少年工作者分享個人的成長經歷，可以拉近與青年人的距離。這些故事也能讓青年人知道你曾經歷過他們面對的成長掙扎，某程度上可以體恤他們的感受及處境，他們或能以你當年正確或錯誤的抉擇，作為面對今天問題的借鑒。一段真實經歷的分享勝過十萬句「我明白你」。不過，分享時切忌硬銷你當年用過的方法，或施加壓力，如：「我當年都做得到，你沒理由做不到！」每個生命、每個處境都是獨特的，你的分享只能作為青年人參考，千萬別強迫他們效法。

我的學習

生命工作永遠沒有捷徑。

工作者的成長故事

有事慢慢談

阿俊的故事是真實個案，當時我是小組導師。以下是當日我與阿俊的 MSN 口語式對話，從中你可明白上文的分析。

我：靚仔，聽日點呀？聽講唔去你屋企喎。做咩呀？心情唔靚呀？

俊：係呀。

我：去邊其實無所謂，反正都可以玩，我只在意你的情況。

俊：無。

我：你唔講我唔迫你，只係想你知道，唔好成日收收埋埋，對自己唔好。

俊：唔知呀。我唔想講，講會俾人鬧，俾人鬧完仲唔開心。

我：你覺得我會同其他人一樣鬧你，所以你唔想講？

俊：yes.

（我分享了在「突破網上青年信箱」的工作，希望他知道我有心幫青年人，不會隨便怪責他。）

俊：唉……講畀你聽啦，我唔想阿希來我屋企。

我：點解呢？

俊：唔鍾意佢！

我：唔鍾意都有原因吧，你唔講清楚，好難回應哦。

俊：講出來你實怪我錯啦！

我：怪一個人根本幫唔到佢，你真係覺得我會怪你？

（阿俊基於平日對我的認識，信我不會怪責他，便道出討厭阿希的原因。我大學時期有類似經歷，便告訴了他。）

我：你嬲都係正常反應，我當日都反面。

俊：咪係，我已經無嬲出面啦，我只係避開參加佢出現的活動！

我：你因為一個人而令其他你重視的朋友失望，仲放棄好多你本來想參加的活動，好似代價太大。

俊：咁我可以點？

我：你因為一個人而拒絕十幾個朋友，對你不利。唔去你屋企，我們出去玩，你唔鍾意的人一樣有得玩，但你就無。

俊：咁你想點呀？

我：唔係我想你點，我只係想你為自己着想。講返我，當日我同個朋友講，接受唔到佢出賣我，所以唔可以再做朋友。有時朋友聚會佢出現，我唔會因此唔去，我只當佢係一個普通人，影響唔到我的情緒，亦影響唔到我同其他朋友交往。

俊：不過我已取消個活動啦。

我：你講一句，我地立刻來啦！我好「恨」玩你屋企套鼓！

俊：唉，是但啦。

我：好，做多樣，自己同小組長阿恆講，我們可以上你屋企，得唔得？佢好在乎你，你同佢夾下時間。

俊：講咗啦！

我：叻仔！你踏出了一大步！係可以做到㗎，只要你肯踏出去，好多困難都可以慢慢克服！

工作者可以歸納出我如何引導阿俊嗎？

安琪

愛要怎麼說

有愛青年人的心，有聆聽的耳朵，但欠缺良好的表達技巧，最終只會令溝通徒勞無功。青年人不喜歡人長篇大論，所以我們的表達必須言簡意賅，一擊即中，無謂浪費篇幅在一些「講了等同無講」，或者青年人已知的事情上。

在網絡時代，不少機會應用文字與青少年溝通，我擷取突破網上青年信箱「師傅過招」的來信，以及一些溝通工作坊的學員回信習作為例子，列出青少年工作者常犯的毛病。

青年人來信——暗戀真的很難受

「我第一次來信，在義工組認識了一個女孩子，我對她一見鍾情。初時我以為自己只是好感，沒打算發展感情，加上她已有男朋友，我都認識，所以我更確定大家無可能發展情侶關係。

但呢半年，我們合作的機會多，更加熟絡，我更加更加鍾意佢；宜家我地差不多每晚都傾電話、SMS 和 MSN，佢成日提男朋友的事，令我好心痛。佢根本唔知我鍾意佢，我亦無表白，唔想朋友都無得做。

但近日我覺得好辛苦，真係好想忘記佢，究竟有咩方法呢？我都諗過放棄呢段朋友關係，究竟我咁做啱唔啱呢？我唔想再聽到佢同男朋友的事。究竟我應該怎樣做呢？」

你可以先思考一下怎樣回答，再檢視你心目中的答案會否犯了以下毛病。

錯誤的「標準答案」

最差的表達，當然是未聽清楚青年人的處境，就草率回應。

例子一：「既然對方有男朋友，就唔好做第三者破壞別人感情。」

來信者想做第三者破壞別人感情嗎？不！他只是跟女方熟絡了，成為好朋友，並多了深入溝通。當然這可能受到愛慕的心驅使，但他並非存心要搶人女朋友。這種講法會令青年人覺得你誤解、怪責，無辜背負「做第三者破壞別人感情」的嚴重指控。

例子二：「若你的快樂是要先破壞一段關係，才可以建立一段

愛情，你會愛得開心嗎？」

這個指控更加嚴重，彷彿在指責青年人自私，為了一己的快樂而破壞別人的感情。來信者的情況剛好相反，他就是不想介入別人的感情，才會弄到這田地。他已經陷於非常辛苦的狀態，若再加控「罪名」，只會進一步拖垮他的情緒，無助解決問題。

工作者很多時一聽見青年人的對象原來有男、女朋友，就馬上聯想到他要介入別人的感情，於是搬出「不要做第三者」的道理，而忽略了事件實況。這種先入為主的態度會窒礙我們聽清楚細節，上文已多番提及，工作者還是要切實檢視自己。

否定式表達

長輩慣性對青年人說「不應該」、「不好」等，難以令青年人受落，此外，還有很多否定式的句子我們要儘量避免。

例子一：「你要清楚自己的身分，你只是義工組裏的一員，那女孩子已經有男朋友了，你不要再多花心思追求她。」

這句首先犯了「未聽清楚就講」的毛病，來信者的煩惱不在追求女方，而是怎樣脫離這困局。頭兩句雖然沒有「不」字，但卻質疑來信者的身分及個人價值。青年人可能解讀成：「你以為自己是誰？你只是義工組裏其中一員罷。」當中帶有否定青年人身分價值的意味。

例子二：「好女仔不只她一個，眼光放遠一點吧！朋友。」

「眼光放遠一點吧」帶有「你現在的眼光短淺」的否定含意。青年人會認為你輕視他的情緒困擾，否定他重視的感情及難處。

家長式命令

如果我們不時常提醒自己，對話要平等，講出來的話可能帶有高高在上，甚至命令式的語調。

例子：「合作上的來往是無法避免，但你應該懂得點到即止，避免這種不必要的痛苦。」

「你應該懂得……」帶有家長的語氣，彷彿在說：「你應該懂得怎樣做，為何自討苦吃！」若改為「你可以嘗試」或「你可以選擇」，語氣就溫和得多。另外，「不必要的痛苦」是嚴重否定青年人的感受，帶有指責他自討苦吃、咎由自取的味道。說話者明顯站在高人一等的位置上，向下怪責青年人，試問青年人又怎可能聽得入耳？

過高標準

工作者有時忽略了青年人的程度及限制，提出一些境界奇高，凡人無法做到的方案，結果令青年人覺得你不理解，或者你的方案無用，有事都不敢再找你。

例子：「除了男女之間的愛情，其實友情能維繫得更長久。你不如嘗試用友情去看待你們的感情吧。」

面對心儀又投契的對象，故意壓抑愛慕之情，以友誼取代，試問有幾多人可以做到？其實來信者已經試過了，卻換來心痛及辛苦。這種以友情取代愛情的高標準建議，只會令來信者感到挫敗，甚至自我怪責。所以我們給青年人建議時，要考慮到他們的性格、處境，提出一些可行的方案。

空泛之談

當你代入青年人的處境，不難發現成年人的回應，很多時都是很空泛的。只因我們想不到更好的答案，便搬出一些「百搭答案」充撐場面；有時則因為工作者太集中講道理，反而忽略了青年人最需要的具體行動及有用資訊，結果回應流於「高大空」。

例子一：「嘗試擴闊自己的生活圈子和人際網絡，讓自己得到更多支持。」

「擴闊生活圈子」是最常見的「百搭答案」。成年人常常認為青年人的困擾大多源於眼光狹窄，只要他們擴闊生活圈子，增長見識，問題自然迎刃而解。但問題是否這麼簡單？

先看看這個「百搭答案」對來信者是否合用。來信者半年來都有參與義工服務，明顯不是生活圈子狹窄，缺乏朋友。在這難過的階段，他的確需要朋輩支援，但不是去交新朋友；而是不再隱瞞自己的難處，主動表達不開心，尋找可信任的朋友陪伴散心。這一點，不少男孩子都因為逞強而忽略了。

有些情況下，青年人的確需要擴闊眼界及生活圈子，但何謂健康、正確地擴闊生活圈子？有青年人曾笑指，落酒吧夜蒲都是擴闊眼界及生活圈子的方法，揶揄成年人只管叫他們擴闊圈子。

例子二：「鼓勵你多留意身邊的事物，發展戀情時先由認識自己開始，若然自己有更好更成熟的預備，戀情的發展也會更加長久穩固。」

看似正常的回應，對青年人而言仍是空泛。「多留意身邊事物」、「認識自己」、「學習成熟」，又是幾個常用的「百搭答案」，青年人聽過很多次，恐怕也不會明白這些東西對解決面前的問題有何作用。不認識自己、處事不成熟究竟對拍拖生活有什麼具體影響？預備拍拖先要認識自己，尋找前路又要先認識自己；拍拖需要成熟，進入職場也要求成熟。究竟我們所説的「認識自己」、「學習成熟」有何意思，有何方向？我們需要按青年人的處境及特質，給予具體建議。

替青年人下決定

有時工作者表達不是空泛，卻走向另一極端，代青年人下決定。結果是：一，青年人不能學會自行分析利弊，為自己的決定負責任；二，萬一你的建議碰釘了，青年人就會埋怨你。

例子：「你何不跟她表白？即使説了，也不代表無朋友做呀，與其膠着，何不來個痛快，勇敢表白吧！」

這個建議夠具體，但卻忽略了可能出現的負面結果，若女方從此絕交，青年人一定會將責任歸咎於你。所以要引導青年人分析利弊，權衡輕重並作出選擇，也讓他們承擔後果，避免教錯而損害彼此關係。

宗教化答案

信徒羣體自不乏信仰上的「百搭答案」，若不配以針對個別處境的實際方案，這些答案同樣會淪為空談。

例子一：「建議你將注意力放在主耶穌身上，好好裝備自己，多着重自己與上帝的關係，你愈能符合上帝的心意，就愈能讓自己走出這境況。」

這個答案本身無問題，但是否對應青年人當下處境呢？當中提出了一個比較理想的信仰境界，將注意力轉移到上帝身上，等候上帝親自引導走出困境。不要説青年人，就連成年人都未必人人可以達到。所以，這個答案頂多作為長遠目標，我們仍然要針對青年人當下處境和難題，提供具體、實際的建議。否則，無助於解決問題，更會把信仰塑造成空中樓閣、高不可攀。

例子二：「如《聖經》所寫，你們要先求祂的國和祂的義，這些東西都要加給你們了。」

教會導師習慣引用《聖經》經文來回應青年人的問題，但引用時依舊未能對症下藥，結果只變成說教。其次，引用經文時未加上闡釋，硬塞一、兩句作為「藥方」，再補一、兩句「祝福你、為你祈禱」，結果青年人誤解了經文，問題解決不了，甚至遷怒於上帝。導師引述上述經文，是想誘導青年人先在信仰上努力，其他生活上的需要就等候上帝供給。可是我見過有人誤以為努力讀經、事奉，上帝就會將他心儀的女孩子「加給」他，結果事與願違；青年人覺得導師、《聖經》都不可信，惱得一走了之。我們引用經文的確要小心！

多想幾步

就算我們能給出具體可行的建議，青年人未必能輕易做到，過程中他們或會遇到困難，或出現情緒上的起伏。作為同行者，我們可替青年人多想幾步，將預視到必然出現的困難及感受先提示，讓青年人先有心理準備。

例子：「建議逐漸減少電話和即時通訊工具等聯絡。」

這是個切實的提議，但來信者習慣了每天與女方聯絡，這建議不容易做到，我們可以多一些提示，例如減少聯絡初期他一定很不習慣，心癢癢想打給對方，工作者可以預先給青年人一些安慰和支持。此外，即使青年人能自我克制，但若女方主動來電，他能否接聽呢？若女方問起為什麼要減少聯絡，他又要怎樣處理？若你能給青年人多幾步分析，對困擾中的他的確有很大幫助，他也會覺得你很細心、很有智慧，將來有問題時就會想起你。

06 不能少的是同行

他老像一堆爛泥。

Terry 是中四學生，經常遲到，終日「烏眉瞌睡」，對任何事都提不起勁。在小組內，他不是睡覺，就是「遊魂」，對任何提問都是敷衍回應。Terry 雖然不會擾亂小組秩序，但那「死蛇爛鱔」的態度實在令所有導師都束手無策；部分導師見他既然沒有干擾小組進行，索性由得他。

Benson 作為小組導師，很想 Terry 變得積極一點，於是鼓勵懂打鼓的 Terry 加入他負責帶領的教會敬拜隊，希望透過音樂敬拜，建立他的自信。Terry 很喜歡音樂，加上 Benson 親自邀請，就答應參加四堂基本訓練。可惜，除了第一堂，餘下課堂，Terry 不是遲到，就是缺席，亦沒有積極參與課堂的討論及活動。

四堂課之後，Benson 忍不住找 Terry 訓話。「你不是說很想加入敬拜隊嗎？為何短短四堂基本課你都不能好好參與？」

Terry 木無表情，含糊應對。Benson 覺得 Terry 白費了他一片苦心，繼續着緊地訓話：「機會是要自己把握及爭取的，你明知加入敬拜隊的基本要求是要上足四堂課，為何你不認真把握機會？」

Terry 支支吾吾，嘗試解釋：「因為有一天學校臨時有活動，所以缺席了一次……」

急躁的 Benson 沒等 Terry 講完就說：「好，算你一次是因學校有事未能出席，其他日子呢？為何要遲到？你還說自己要參與服事，但你在課堂上的表現，絲毫看不出你的認真呢！」

Terry 吞吞吐吐地說：「其實……我……其實……我有認真上課的……」

Benson 又搶着說：「你這種表現都叫認真？我看，你有必要再認真一點才合資格加入敬拜隊了。既然你達不到基本要求，我也不會讓你加入。」

Terry 很難過，一言不發，一個人坐到一旁發呆。

你這種表現都叫認真？

今日的青年人較以往得到更多栽培的機會和資源，但社會上卻愈來愈多缺乏自信、失去方向、欠缺動力的青年人，Terry 是其中一位。低動力的青年人就像爛醉如泥的人，無論你怎樣攙扶，他們總是軟弱無力，總教自己及愛錫他們的人都感到挫敗。我們該如何與低動力的青年人同行，幫助他們站起來？

尋找獨特之處

Benson 未有因 Terry 閒懶的外顯行為而忽略他，反而留意到 Terry 的特長——喜歡音樂及有興趣打鼓。低動力的青年人非常缺乏自信，對很多事情都提不起勁，更不喜歡接受挑戰，所以我們必須找一個他們有興趣、應付得來的切入點，才可以逐漸建立他們的自信及對生活的動力。這類青年人通常都比較隱藏，認為自己沒可取之處。所以，要找對切入點，不時要細心觀察。

你的着眼點

好的開始卻沒有好的結局，Benson 以為自己給 Terry 一個不難應付的機會，可惜 Terry 沒有好好把握，依然固我。於是，Benson 氣得沒聽清楚 Terry 的解釋，便訓話連連，這不但無法建立他的自信及動力，反而為他累積多一次挫敗的經驗，令他更認定自己是無力及失敗的。

究竟 Terry 有否認真付出？現實中的 Terry 告訴我，他的確付出過努力！例如，他特地調校鬧鐘以防遲到，相對平日開組他屢屢遲到，這已經是很大的進步。第二，他上課時不停叫自己不要入睡，所以他出席的三堂課都是清醒的，相比平日開組時打瞌睡，又是一大進步。

與低動力的青年人同行，我們必須懂得發掘及欣賞他們付出的努力（包括願意嘗試的心），哪怕結果並非如你或他們所願，或者微不足道。要激勵他們再次起步，必須不斷予以肯定與鼓勵，就像父母用玩具和讚賞吸引嬰孩學行一樣，即使偶然他跌倒了，也不要責怪他，更要安慰他，為他邁出一小步而開心。與這類青年人同行，需要的是耶穌所說饒恕人七十個七次的堅毅。

我的學習

Terry 確令我很失望，但其實他比過往已踏出了一大步，只是我沒察覺這一步。

既然你達不到要求，我不會讓你加入！

青年人之所以沒有動力，是因為自我能力感非常薄弱，即使嘗試也落得失敗收場，一事無成。所以與其再次失敗、再次教自己和身邊人失望，再一次肯定自己無能，倒不如不嘗試、一早放棄，得過且過地生活，甚至沉溺在一些事情上，例如打機、上網，逃避現實的責任與期望。讓我們先了解低動力青年人的心態與狀態，再提議一些有效幫助他們「開源節流」的方法。

負面話完全接收

「你無用㗎！」

「我睇你都係做唔到㗎啦！」

「你有邊次唔衰收尾！」

「點解你咁都做唔到㗎！」

自我形象低的青年人，對負面說話的抵抗力非常薄弱，你說什麼，他們就全盤接收，即使他們外表上好像在跟你抗衡。你說他是「爛泥」嗎？他會認定自己是「爛泥」，或賭氣去做「爛泥」。

節流：既然他們的自我能力感如此薄弱，我們必先「節流」，避免一些怪責性的言詞；當我們憤怒時，先冷靜，勿急於教導。

頹廢外表

青年人的低自信有時也反映在外表上，輕則「烏眉瞌睡」、拖着步伐走路、垂頭喪氣、佝背；重則完全忽略儀容，頭髮沒梳好，衣衫不整。

開源：青年人的自我形象跟外表有密切關係，外在影響內心，不要忽略建立他們外表上的自信。你可以在髮型、服裝、走路姿勢上提點他們。若他的髮型好看，或穿得很醒目，你一定要讚讚他。不妨邀請他一起做運動，運動令人精神、心情開朗，還可以鍛練意志，對建立這類青年人很有幫助。

負面思想

自我形象低的青年人內心有很多負面思想，來自一個苛刻的「內心父母」，經常在心中責備他們，令他們覺得自己不夠好、沒有能力。這個無形的聲音成了阻礙他們前進的元兇。

節流：工作者可以從日常與青少年的傾談中，留意他們一些重複的自責說話、負面思維及思維圈套，幫助他們認識這些不斷重複的思緒如何影響他們，又要分辨自責是否合理，好叫他們有意識地抵擋內心聲音的影響。同時，我們也要教他們欣賞自己，用小禮物、自我讚賞等肯定自己的小成就，從而建立正向的思維及正面的自我形象。

易於放棄

這類青年人的意志比較薄弱，即使給予機會，也未必做好；即使他們肯嘗試，也會力不從心，容易放棄，無法完成目標。

開源：給予機會累積成功的經驗，讓他們重拾自信。起步時不宜將目標定得太高，要按其能力及狀態為他們訂立一些短期、不太難的任務。任務完成了，你可以公開讚賞，鼓勵朋輩讚賞他，務求令他深刻記取每次「成功」的經驗，從而建立他的能力感。留意，這裏指的「成功」可能在一般人而言算不得什麼，但如上文所講，只要對比他以往的表現好，你就要嘉許他，作為吸引他繼續學行的「玩具」。

若果青年人不能完成目標，我們可以在過程中找些可取的東西來肯定他。例如起初他很有決心去做，總比以往不肯嘗試進步。之後，你要幫他分析和檢討，過程中有什麼阻礙他完成目標？有什麼技巧要學？心態有什麼要調節？即使瑣碎如有什麼方法令他起牀、守時，你都要跟他討論，找出適合的方法，之後再嘗試。注意，不要給予答案，否則他的腦袋永遠不會轉動，亦學不會想辦法解決問題。當然，如果他的意志真的很薄弱，你可以加重「愛心劑量」，融化他那冰封已久的「生命馬達」，給他累積被重視的經驗。例如每次活動前給他 Morning Call 直至叫醒他，或多買一份早餐，給來不及吃早餐的他打打氣。

有條件的愛

不少青年人告訴我：「滿足大人的期望才會得到愛。」每次聽見我都會很難過，我們的社會推崇「成功主義」到一個地步，竟然連家庭、教會都用青年人的表現來配給愛與尊重！難怪機會再多、資源再多，社會上仍然有一大羣迷惘的青年人。他們老是經驗失敗了就被人責罵、否定、放棄，從未經歷過「無條件的愛」。

當青年人面對頗大的失敗，沮喪的心情會使他們過度自責，以為：「我努力過，但做不到，我好失敗、好蠢。」隨之而來的可能是放棄及逃避。

開源：若他們的情緒很低落，我們不宜作「賽後檢討」。我們需要先安慰，清楚表達即使他們失敗，你仍然會支持他們。話不用多，一個擁抱、一瓶汽水或一頓甜品同樣奏效，這種不離不棄的支持是無比重要的。

安慰過後，我們需要跟青年人作客觀的分析，一同檢討，並要面對現實，重訂目標。調低目標，以免青年人感到永遠無法達標。與此同時，我們要向青年人展示盼望，指出具體路徑，讓青年人相信雖然今天下調了目標，但靠着努力，他仍然有機會達到一定的成就。你可以提供一些實質幫助，或介紹一些過來人親身向他們證明這種信念。

我的學習

原來 Terry 需要很多支援，看來我太缺乏耐性了，以為教訓一兩句就可以達到目的。

我對你失望極了！

與低動力的青年人同行，需要付出很多心力和時間，但亦很容易反照出工作者一些不正確的心態和限制。

工作者天敵

「心急」是工作者的大敵，它使我們未聽清楚青年人的話就急於回應，也令我們急於要見到青年人成長改變，而沒有給予足夠時間及支援。面對低動力的青年人，「心急」更令我們不切實際地期望他們一步登天，忽略每個人都有其特性、狀態、限制。

我曾聽過一位牧者的說法。他平日在講台上會按《聖經》的最高標準，教導會眾不要婚前性行為、不可濫交。一旦進入輔導室，單獨面對犯過強姦罪的釋囚，他不能要求對方馬上達到最高標準。假若那位釋囚以召妓滿足性需要，不再強姦無辜的女性。作為輔導員，你無可否定他的確有「進步」。當然這是個極端的例子，這個說法是要道出羣體教導與個別教導的分別。

面對羣體，我們要定出劃一標準；但同時要體諒每人個別的需要及限制，因應他的背景、程度，因材施教，才會有效。

取易捨難的傾向

低動力的青年人意志比較薄弱，很多基本行為都未能達標，例如遲到、失約、打瞌睡等，而這些紀律問題最易刺激成年人的神經，令我們感到不被尊重。這些不良好的感覺驅使我們不知不覺忽略了他們，將精神、機會都投放在聽話的孩子上，從而獲取做青少年導師的滿足感，避免那些「難搞」的青年人拖垮我們的工作。「成功主義」叫我們很多時都只着眼於成果，多於青年人的生命被建立。我們滿足於跟一班聽話、進取的青年人，辦一場體面的事工，而不是供應一個讓青年人嘗試改變、學習成長的平台。

無論面前的青年人如何不濟，我們必須相信他們都具潛質。惟有先信任他們，給予機會，委託他們責任去承擔，他們才能累積被信任的經驗，從而成長為可信的人。

教會的青少年事工，更需要認真檢視，我們會否效法社會、學校的一般標準——成功、成效，例如以出席率、投入度去衡量青年人的價值？我們會否設下太多關卡，凡事都要他們達標才可以參與？我們有否效法耶穌，看重生命是否可以改變，多於看重青年人是否達標呢？

我的學習

每個青年人都
有權成長，導師勿
怕麻煩，要因應個別
情況，按部就班，
因材施教。

Phase 3
深入同行階段
還在成長

時間過得真快，我任青少年導師已好幾年。建立信任不容易，要持續同行，陪伴青年人成長，挑戰重重，實在是長遠工程。但原來有時問題不是來自青年人，竟來自我！

我以為自己已足夠成熟，也累積相當經驗，應付青少年的奇難雜症，理當手到拿來，誰知團友不但「問題天天都多」，我還發現竟要面對自己作導師的限制，我仍有資格陪伴青年人成長嗎？

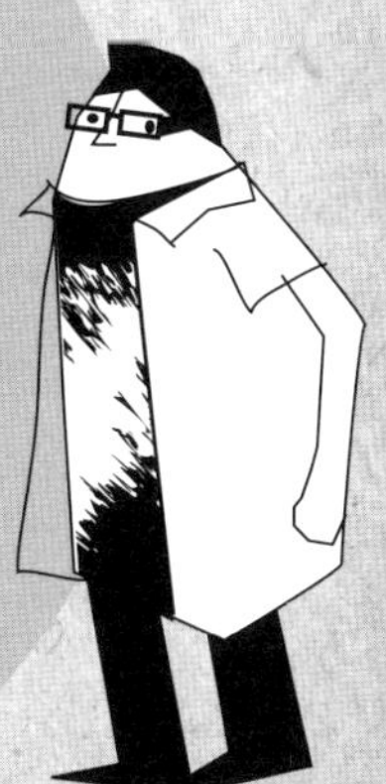

07 沒有一人工程

我對幫助情緒困擾的青年人的確有熱心，但這不是單打獨鬥的工作，我也要找人同行。

他不肯説一句話。

浩然是 Ann 小組內一個非常寡言的男孩子，這天開組，浩然比平日更沉默，一句話也沒説。小組後，Ann 走近浩然，關切地問：「浩然，你今天不開心嗎？」浩然淡淡然地答：「沒什麼，只是有點累。」

大伙兒於小組後到快餐店吃下午茶，Ann 邀請浩然同去，他沒有拒絕，但往快餐店途中，浩然卻自顧自靜靜地走，沒有加入大伙兒的談笑。Ann 以為可能他有點累，所以不敢打擾。

到了快餐店，各人點餐後都坐在一起，有説有笑，嬉笑聲大得引起其他食客注意。浩然點餐後卻沒坐到大家當中，逕自走開，找了個二人位置獨坐，靜靜地吃他的下午茶。浩然的沉默與大伙兒的嬉笑成了強烈對比，組員都留意到了，不禁彼此耳語：「浩然今日怎麼了？玩自閉？」

Ann 帶着自己的下午茶，走到浩然對面座位坐下。

「你怎麼不跟大家一起坐？」Ann 溫柔地問。

「沒什麼，累嘛……他們談得高興，我不想掃大家興。你由得我吧……」浩然的語氣帶點決絕，臉上沒半點表情。

Ann 沒被嚇退，繼續問：「有什麼事不妨說出來，讓我為你分憂吧。」

「沒事，你由得我好嗎？」浩然完全不想談，Ann 也只好由得他，說：「好吧，如果你有需要記得找我啊！」

回家後，Ann 感到不放心，立即上網查看浩然的社交網站留言。發現過去一星期，他每天都貼一些含糊而負面的說話，昨天更將個人照片改換成全黑色。Ann 心想：「他明顯是情緒低落，卻怎麼也不肯開口講，我已作他導師多年，為何他不肯跟我講？」

讓我為你分憂吧！

幫助長期受情緒困擾的青年人，很多人都認為「勸他們尋找心理輔導」是惟一門路。沒錯，工作者或導師的確不宜貼身跟進，須交由專業人士處理。但大多數人卻忽略了輔導以外的日常同行技巧，結果青年人不斷見輔導，果效卻非常有限，回到生活圈子，又打回原形。

提高自救意識

情緒低落就像毒癮一樣，若當事人缺乏自救意識，即使見輔導多年，情況也不會有太大改善。同行者必須溫柔地、不厭其煩地以不同的方式提醒他要有自救的決心：「當你煩惱，我們很願意分擔，但我們更願見到你再次開開心心地生活。」這類說話要小心講，如果你只強調想見到他開開心心，他容易理解為：「你不想見到我不開心，我有事時還是不要找你吧……」如果你強調：「只要你不開心，我們一定會在你身邊！」青年人就誤以為「表現不開心」可以換到朋友的關心、有人陪自己；嚴重的情緒困擾者，更加會不自覺以「低落」作為爭取別人關愛的「手段」，出現不想康復的傾向。

如果青年人經常被負面思想所困擾，難以吸收正面、鼓勵的説話或建議。我們必須體諒，不厭其煩地重述正面的説話及提醒。但要注意展示適當的界線，例如不要傾電話至深夜、不要每一個短訊都立即回覆等等。總之要緊記不可讓他們的負面情緒控制你，倒要幫助他反控制負面情緒。

不要老盯着自己

情緒低落的青年人對很多活動都失去興趣，只期望有可信的人陪伴在側，部分人則沉溺於見面時不斷訴苦。我們要鼓勵他避免重複提及不開心的事，免得負面情緒侵蝕他的心靈。但你不能立刻叫停他，因為低落者非常敏感，這只會令他誤會你不想聆聽。你可以主動建議活動，分散其注意力，但務必至少要「三人行」，避免太多單獨相處，造成依附。工作者可以「你陪我」為藉口鼓勵他們做一些有益身心的活動，例如做運動發洩內心的負面情緒，做義工讓他將焦點由自己的世界轉到外面的世界。

不過當你帶他們服侍他人時，千萬不要説：「你看他們多慘，世界上有很多人比你更慘，你也不用太傷心啊！」這種説話只對心理健康的人起作用，青年人長期情緒低落易理解為「這個世界真的無盼望」或「你否定我的感受和遭遇」。所以，你只管將他帶進有需要的人中，聆聽別人的分享，久而久之，他們敏感的特性會促使他們有所醒悟。

重拾生命發球權

情緒困擾的青年人腦袋長期充斥着胡思亂想，不但失去開心、盼望的動力，甚至連自己喜歡什麼、有什麼開心事都忘記了。我們不能勸他們開心，而要配合具體行動，提示、陪伴他們重拾過往的嗜好，尤其一些需要專注、花時間練習、有運動或藝術成分的嗜好就更理想。他們需要一些寄託以取代胡思亂想，並重拾生活的主動權。我們可在旁鼓勵他們主動尋找快樂，拒絕負面思想。如果你知道他們曾有夢想，可以肯定他們有能力達到，鼓勵他們重建盼望及目標。

我的學習

我還以為自己一個可以幫到他，原來我要找人一起幫助浩然。

你怎麼不跟大家一起？

研究發現，每六個香港人就有一個患情緒病。情緒困擾不但在成年人中非常普遍，亦蔓延到青少年。而最令人憂慮的是，不少受情緒困擾的青年人都如浩然一樣，喜歡將事情收藏心中，不肯求助，最終「鬱」出情緒病來。如何引導他們說出問題，尋求幫助？我們先從浩然的表現中，理解情緒困擾者的常見心態和行為：

「講出來都無人幫到我！」

大部分情緒困擾的人都有這種頑固想法，感到內心有一個強烈的聲音：「不要將問題講出來，講出來只會令家人及朋友擔心。」或是：「不要打擾別人了，無人可以幫你的，即使講了人家也不會明白你的處境，情況只會更糟。」如要請他們講出問題，要針對這種心態，問：「你是不是怕別人會擔心，所以不肯講？」或是：「你覺得沒有人可以真正幫到你、明白你，所以你索性閉口不言？」如果青年人肯跟你談下去，你不妨告訴他們，這種心態是情緒困擾的病徵之一，提醒他們不要相信這種妨礙他們求助的內心謊話。

自我抽離

故事中的浩然對社交失去興趣，不愛與人傾談及接觸，甚至故意做出明顯的自我抽離行為，困在自我世界中。減少社交，減少生活中的「人氣」，自然愈來愈消沉，甚至影響社交能力。如果情況嚴重，他們甚至會討厭一些開心的場面，像浩然見到別人開心大笑就會心生厭惡，故意避開。這些與開心隔絕的行為及心態，工作者也要意識到。

沉溺自憐

縱然情緒困擾的青年人嘴上常説想變得開心，但卻像迷戀上負面情緒般，經常沉溺在自憐的思想中難以自拔。青年人會透過網上平台來發洩負面情緒，不斷寫一些意志消沉的説話或文章，重複又重複表達，卻不會透露實際問題的細節；另一種常見現象，是將抑鬱轉移到沉溺上網打機，麻醉自己，工作者自難從中掌握具體、有用的資訊。

我的學習

原來浩然的情況不是一時之間，可能我太習慣他的沉默了，沒留意到他的額外需要。

如果有需要你記得找我啊！

不少工作者以為憑一己之力可以幫助長期情緒低落的青年人；或因一份憐憫心腸而獨自接近他們，結果反被對方不斷散發的負能量及依附行為搾乾了。

三人行

按照接近階段的建議建立信任，加上幾分關懷，相信不難引導青年人説出問題。但當情緒低落的人開始信任他人時，便會跌入另一個階段，不斷向同一個人訴苦、求助，甚至出現強烈的依附性。由於他們跟青年人的關係密切，結果造成極大的傷害。低落的源頭由原本的問題轉移到那永不能滿足的依附關係上，結果同行者愛一個人變成害一個人。

所以同行者千萬不要獨自支援，要建立最少三人的支援小隊，輪流關顧，一方面避免低落者單一地依附着同一個人，另一方面亦可以保護自己，若自己狀態不好也有同伴頂替。

工作者不可能永遠在青年人身邊，支援小隊最好加入青年人，讓低落者可以重投同輩的羣體。即使找不到青年人擔此重任，工作者亦要鼓勵其他青年人多關心當事人、多找他去玩，最終目標是幫助他脱離成年人的蔭庇，建立健康的朋輩圈子。

個人裝備

情緒病在青年人中並不罕見，所以工作者宜對各類情緒病有一點認識。遇上有病徵的青年人時，便鼓勵他及早作進一步評估。如果你身邊有這類青年人，可以參加一些專為同行者而設的工作坊，學習疏導盛載的負能量，並為長遠同行作好裝備。

與負能量的人同行，他們會吸光你的能量，你要儘量增加自己的正能量。當你精神、空間不足，沒有平靜的心靈，容易被他們重重複複的「無理埋怨」或「無病呻吟」搞得不勝其煩，更可能不慎向他們發脾氣，這樣你就會前功盡廢。

我很喜歡用「力量」的向度形容抑鬱情緒。抑鬱的人無「力」做任何事，無「力」面對人生。「力」從何來？就是從關係中吸取的人氣和支持，即同行者的聆聽和關愛。當他們的力量稍為增強，逐步嘗試回復正常生活模式，重新啟動生命的馬達。

我的學習

建立信任團隊，
增強情緒低落青年
人的生命「力」。

失控了！

情緒激動

抑鬱是一種內耗（Act-in）的狀況，但有時青少年也可能情緒失控，即外亢（Act-out）。情緒失控的外顯行為是：將情緒藉行為激動地盡情顯露，例如嚎啕大哭、大聲尖叫或不停地責罵他人、自殘（如割腕、擊打身體、撞牆或燙傷自己等）、暴力破壞或攻擊他人、對立和反叛性行為，甚至做出一些危險性動作，如危坐窗邊等。這些行徑相信會令不少工作者聞之色變，手忙腳亂，既怕他們傷害自己，又怕影響他人。本書主題是溝通，我只想分享一些比較普遍的情緒失控例子，幫助工作者儘快找出對話的楔子，引入深層溝通，希望穩定局面。想認識多種情緒失控個案，可參考相關書籍。

入手契機

小玲性格開朗，喜歡與人交往，愛唱歌跳舞；但有時她會變得生人勿近。當她感覺別人不認同自己，或做事不如意時，便大發雷霆，輕則嚎哭，重則把自己關在洗手間廁隔內。最終，勞動 Ann 和小組好友長時間哄她，才能平息事件。可是，大家都身心俱疲，也擔心「計時炸彈」隨時一觸即發。

當小玲把自己關在廁隔內，而 Ann 站在廁隔外，要如何與小玲對話呢？我曾經聽過不同導師的反應：

反應：不斷極力勸她儘快出來，免生危險。

結果：她仍然留在廁隔內發脾氣。

反應：以為她不過想引人注意，故意漠視她，當她感到沒趣，便自然走出來。

結果：她的情緒更激動，或者下次反應更激烈。

反應：幾個人在外面陪着，等她出來。

結果：眾人身心俱疲，之後再沒有人願意幫忙。

或者第二種情況的觀點有點道理，小玲的確想獲取別人的注意力。可是，給她更多注意力，或者漠視她的需要，還不如「心病還需心藥醫」，了解她的心理狀況和情緒狀態，作出合適的溝通。

以下是四步建議：

步驟 1　評估安全

首先，Ann 要保持鎮定，評估小玲有無傷害自己身體和生命的可能，如果情況太惡劣，須要通知其家人和報警，安全第一。

步驟 2　了解對方的情緒狀態

情緒有很多種類。通常衝動的情緒都與憤怒有關，即青年人對人和事感到不滿，並感覺受傷，以憤怒作自衛。不過很多時候，憤怒的背後都帶有恐懼，害怕別人再次傷害自己。

建議回應：「我知道你很生氣，其實我明白你，你生氣因為你感覺受傷害，對嗎？我知你很辛苦。」

步驟 3　了解對方的內在需要

掌握對方的情緒，容易了解青年人的內在需要。很多青少年害怕不被理解、被忽略、無人認同，感覺自己沒價值；反映他們自我形象低，害怕不能與某人結連，或不能融入這羣體。

建議回應：「他這樣對待你，你一定很傷心，好像拋棄了你、不重視你，對嗎？」

步驟 4　給予適當的肯定

當 Ann 明白他們的內在需要是被認同和肯定，他們看重自己在他人眼中的重要性，Ann 可以表達適切的肯定。

建議回應：「你對我們很重要的，我們都很愛你。有時你不在，我們都會想你，想問候你。」

以上的步驟和例句，有助穩定青年人的情緒，讓他們感覺被理解，會稍有安全感。另外，有助導師引導青年人說出心結，對症下藥。不過，例句歸例句，工作者還是要隨機應變。

跟進工作

當理解青年人的心結，然後可以：

- 與他們建立信任關係，透過平常較深入的分享和支持，改善他們於人際關係上的偏見；
- 如有機會，與他們進一步探討情緒問題，例如這問題與家庭和成長有何關係，幫助他們更了解自己；
- 鼓勵青年人將核心問題找思想成熟的人分享，讓這些人成為他們的關係網絡，或加入上章提到的支援小隊。不過要注意保密。

這類青年人往往容易給人感覺任性，令人卻步，想孤立他們；結果他們感到被排斥，情緒問題將更嚴重。所以，工作者不但要敏鋭青年人的需要，也要建立一個懂得體會和體諒別人的羣體。

見輔導

問題比較嚴重時，宜鼓勵青年人尋求專業人士幫助，如心理輔導或醫生。要説服青年人見輔導，你要先試試：

淡化形象

青年人覺得見社工、見輔導代表自己的狀況很差、問題很嚴重，有人甚至怕從此被標籤為「有嚴重問題」。要説服他們，我們必須澄清，每個人在不同的成長階段都會遇上一些困難，輔導就像請教前輩指點迷津一樣平常。如果你或其他青年人有見輔導的經驗，更可以作分享，澄清他對輔導的誤解。

力陳利害

很多人忽略低落情緒對身體的傷害，初則睡眠和食慾不振，導致失眠、體重下降，繼而精神和健康轉差，至終影響工作或學業。長遠更會減少腦內分泌讓人感覺開心的神經物質，造成永久損害。若青年人有情緒問題傾向，要讓他們認清事實，不致因無知而令低落情緒演變成情緒病。即使青年人暫時不肯見輔導，也起碼要鼓勵他們找醫生處理身體毛病。

提供資訊

輔導中心不是便利店，對有情緒毛病的青年人來說，他們根本沒有動力尋找相關資訊。我們可以代為搜尋，甚至預約首次面見的時間。如果青年人的動力太低，或害怕見輔導，你可以陪同一兩次。但有些人假設見一兩次輔導便見效，見不到效果就暫停，或者一開始就對見輔導抱着懷疑態度，什麼建議都不執行，情況自然不能改善。或者，有些人服用情緒藥物時誤以為很快見效，事實上抗抑鬱的藥物起碼要服用至少兩星期才開始發揮效力。同行者可以定期查問情況，確保他沒有中途放棄，並幫他切實執行輔導員的具體建議。

08 誰能判斷何謂最好

我出賣她？

大專生阿婷怒氣沖沖的跑到 Ann 面前，激動地說：「你為何將我的私隱告訴傳道人？傳道人找我男朋友傾談呀！你未得我同意就將我的私事告訴其他人，究竟你知不知道什麼叫尊重？」阿婷胸口猛烈起伏，淚水在眼眶打滾。

Ann 嚇了一跳，回過神來，想起自己的確有將阿婷的事轉告傳道人。事緣阿婷説男朋友曾提出想跟她發生性行為，令她煩惱不已，故向 Ann 求助。但 Ann 沒料到傳道人即時採取行動，而且事前並沒有通知她。

Ann 一臉尷尬，無奈地說：「我只跟一個傳道人提及，沒有傳開去。其實，我們不過是擔心你，為你好。傳道人找你的男朋友傾談，我是全不知情啊！」

阿婷的憤怒沒半點止息：「為我好？爆我私隱叫為我好？！你知道我男朋友跟傳道人見面後有多憤怒嗎？他怪責我既是不想『那個』，何不向他坦白，為什麼要向你訴苦呀！我以後也不會再信你！」阿婷說罷，調頭就走。

Ann 被噴得一臉灰，心中甚是為難：「我都是出於關心，若現在不阻止你們，難道等出事之後才處理嗎？唉……好人難做。」

難道要等出事才處理？

與青年人相處，青少年工作者的基本操守是保密，既然青年人信任我們，將祕密相告，我們理應替他們保密，免得破壞信任。不過有時保密問題卻成為矛盾。若那祕密是比較敏感的，或已經超出了工作者能處理的範圍時，我們一定會自問，是否仍然要替青年人保密？還是應該將事件轉告更適合人士，例如教會牧者、社工、老師，甚至家長，好等問題及早處理，免生更大傷害。究竟誠信重要，還是青年人的問題重要？以我觀察，成年人很多時會選擇後者，情願犧牲個人誠信及青年人的信任。雖然這個決定背後是出於對青年人的愛，但當中要付上的代價，真的值得嗎？這對處理青年人的問題，真的如我們想像中有效嗎？

Ann 和傳道人雖然把握機會教導阿婷的男朋友，但他真的受教嗎？故事中的他只是嚇了一跳，因為暗地所行的給揭穿了，驚訝、羞恥的感覺轉化成憤怒，不但沒有將傳道人的話聽入耳中，更無向內自省，反而向外怪責女朋友、也對導師強烈反感。而阿婷則因受男朋友怪責，加上祕密被揭破，徹底破壞了對導師的信任。結果，阿婷的問題不但沒得解決，與導師的關係破裂；最嚴重的後遺症，是當阿婷再遇上問題時，絕不會再向導師，甚至其他成年人求助。因為成年人不但沒有替她解決問題，更將事情鬧大了，根本是幫倒忙。

神經過敏

Ann 所做的是青少年導師常犯的毛病，就是每每聽見青年人有愛與性方面的問題，便神經過敏，未分析清楚事件，就一概視為嚴重事故，要立即上報，「果斷」處理。

我同意愛與性的問題易為青少年帶來重大傷害，工作者，尤其教會導師想及早處理也是人之常情；但這問題同樣是青年人重視的，而且必須面對，如果工作者每每反應過敏，只會向青年人傳遞一個錯誤信息：「別讓導師們知道我們拍拖，或有過度親密的行為，否則會很麻煩的。」當青年人以為我們對愛與性的問題神經過敏，又怎會找我們傾訴或求助呢？這樣，我們就親手關上那溝通的大門。

學習機會

事實上阿婷跟男朋友根本未發生性關係，導師根本不用以這種力度去處理。如何拒絕男朋友的性要求和保護自己，是每個拍拖的女孩子都需要學的。Ann 可以先教阿婷如何拒絕，以及如何避免陷入一些試探性場景。如果你介入阻止事情發生，不讓阿婷先學習拒絕，難保將來出現同樣情況。阿婷自己拒絕，較由成年人出面教訓男方更有效。

Ann 可以定期跟進阿婷的情況，在背後支援她。我們先不要認定這類男孩子一定是立心不良，Ann 可以建議阿婷勸男朋友尋求幫助以解決性引誘，可能男方亦有意處理這掙扎。

補救方法

假若你泄露了青年人的私隱，他們知道了，怎麼辦？方法只有一個，就是誠心地向他們道歉，並解釋你的苦衷。你必須知道自己做錯了，傷害了青年人的尊嚴及心靈；如果道歉不過為修補關係而已，你並未明白泄密的嚴重性，或仍以為自己用心良苦，這種道歉是無效的，青年人會聽得出。

當然，道過歉並不代表青年人從此就會再信任你，因為你所做的等同「出賣」，他們很難再信任你。重建信任，非常困難。即使他們給你機會，也要花很長時間重新觀察你、試驗你，比最初認識你時的觀察期更長。不過，成年人誠心向青年人道歉是有一定威力的，尤其一些青年人，未嘗有長輩向自己道歉，你願意放下自己作為前輩的尊嚴，為要修補關係，他們會覺得你尊重他們。

我的學習

我這次真的鑄成大錯了，以後阿婷有事，一定不會向我求助。

我只跟一個人提及，沒有傳開去。

私隱大過天

青少年的家長都會疑惑，當子女進入青春期，突然變得沉默，什麼也不願意分享，用電話、用電腦都神神祕祕，從前可以自出自入的子女房間，忽然要先叩門才准內進。青少年脫離兒童期，邁進一個獨立成年人的階段。他們特別在意自己的獨立存在，需要更多個人空間及自主權。不再像小孩子一樣凡事跟你分享，他們要保留私隱，重視面子，並想得到像成年人一樣的尊重及徵詢。萬一他們的個人空間被入侵，感受就如被人冒犯了一樣強烈。

中國人常常強調要尊重長輩，卻忽略了後輩同樣也要尊重。事實上，無論兒童抑或成年人，沒有人不重視私隱及被尊重。所以青少年工作者面對這問題，一定要為青年人保密，除非涉及「即時」的人命傷亡或法律責任，例如青年人要去自殺、明天就安排了墮胎手術、今晚就替朋友帶毒品等。

保密是為了……

讀到這章，你應該大概了解，青年人對成年人的信任感很脆弱，何況是泄露他們的私隱？他們一定將你從信任名單上剔除。青年人不會因為信任你而凡事向你傾訴，讓你對他們全盤掌握。青年人跟你分享的，不論什麼大事件，你都不要隨便向第三者透露，甚至告訴他們的家長。當經過長時間觀察，青年人認定你是個可靠、不「口疏」的成年人時，他們遇上重大事情要成年人支援，必定會想起你，你就是個成功的同行者。

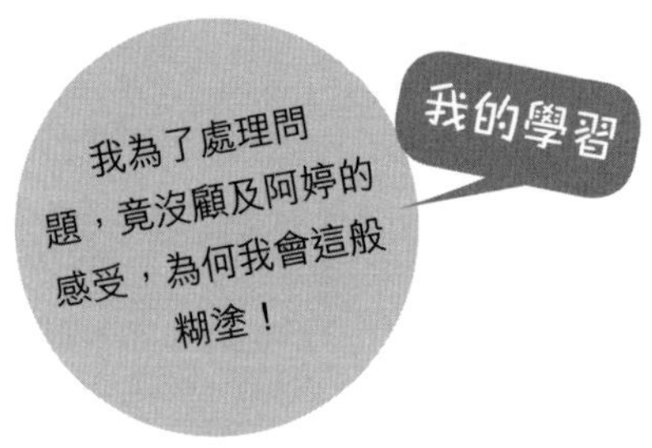

我們不過是擔心你，為你好。

縱使大部分青少年工作者都知道私隱對青年人有多重要，也明白不保密會大大破壞關係和信任，但仍有工作者選擇不保密，原因可能有三個：

「我為你好！」

這句説話恐怕是青年人最討厭聽的話之一，背後包含着成年人的自以為是，並將我們認為好、但青年人未必認同的方法加諸於青年人身上。例如家長強迫子女參加不喜歡的暑期課程，而不讓子女自行選擇有興趣的暑期活動，「都是為你好」。

我從來不質疑成年人對青年人的愛心，但我們老是從成年人的角度去處理青年人的事情，結果不是無效，就是出現反效果。如果真的為青年人好，我們必先花時間聆聽、了解他們認為什麼才是好。譬如如果 Ann 想找阿婷的男朋友傾談，要先徵詢阿婷的意見，如果阿婷不同意，又要聆聽她有什麼擔心，有沒有其他建議。

前文已提到很多聆聽的條件，我仍要強調，不要急於質疑青年人：「你呢個方法怎會好！」這只會立刻關上與青年人溝通之門，他們會覺得你是「意見接受，態度照舊」的虛假之輩。工作者要先衡量、發掘青年人提出的方案中有什麼可取之處，然後從雙方的方案中選取一個大家都認同的。

無論年紀多大，經驗多豐富，我們都只是普通人，看事情的角度總難免主觀和偏頗。我的經驗教我知道，聆聽青年人的過程中我也可以有新的學習。假若你常常抱持自己的判斷是最好的絕對性心態，只會限制了自己的耳朵，也限制了自己在青少年工作上的學習與成長。

「你錯在先！」

我觀察成年人處理青年人問題時，很多時會掉入「只着眼於對錯」及想青年人知錯的思想圈套中。可能是想青年人牢牢記住犯錯的經驗，不會重蹈覆轍；又或者太習慣中國人傳統教養小孩的方式，不斷強調「唔得、唔准、錯！」的否定式表達。結果，青年人所感受到的是成年人專捉人錯處，做了警察、判官；他們最需要的包容、接納及扶持，反而一點也感受不到。我們真的要撫心自問，是否視青年人為三歲無知小兒，而非一個準備長大的成年人？有無看他們是需要被尊重的獨立個體？

我們的內心是否暗藏我尊你卑的觀念，認為用權威來整頓青年人是合理的呢？

成年人有時甚至走到一個極端，覺得當青年人犯錯，連被尊重的基本權利都要剝奪，不能再保密，甚至要在長輩間公開論斷。記得一次導師團會議上討論某青年人的婚前性行為問題，一位與會者指出：「他做出這種錯事，都應該料到導師會拿出來討論吧！」我極之難過，竟有成年人認為揭露私隱是對青年人的懲罰。青少年工作者固然有責任教導青年人改正，但同樣有責任保護他們的私隱，顧及他們的尊嚴和感受；無論青年人是乖巧是反叛，都應該得到尊重。

特別一提，青少年團體切勿把青年人的私隱放到會議上開名討論，首先，我們有責任保護青年人的私隱；其次，並非每個與會者都意識到要守祕和懂得處理，他們一句說話或一個表情都可能泄露他們知道了祕密，傷害青年人的弱小心靈。所以，敏感的問題，愈少人知道愈好，這才能建立青年人對工作者團隊的信任。

超出能力範圍

本書經常強調團隊工作的重要，工作者必然會遇上超出自己能力範圍的難題，需要向外求助。但問題是，我們是否要在青年人不知情的情況下，將他們的祕密告訴第三者。

我建議審慎處理，首先，我們可以「不開名」地向專業人士請教如何幫助當事人。

第二，我們要坦白告訴青年人，事情已超出我們的能力範圍，勸他們尋求其他幫助。如果尋求教會或團體內部幫助，可以問：「如果我將事情告知另一位導師，你認為哪一位會令你感覺舒服？」讓他們自行選擇，不要特選某一個對象。有時可能要勸他們尋求心理輔導等專業人士，可以參考上一個補給站的建議，至要緊是你花時間跟進和陪伴他們面對問題。

第三，如果青年人不肯尋求協助，而事情已發展到會傷害他們的地步，我們實在必要尋求外間支援，便得先向他們道歉陳明，表示已經不可再保密，請他們有心理準備。這樣做，起碼讓青年人知道你仍尊重他們，不能保密只是迫於無奈。

工作者的成長故事

四個導師的四種處理

一個我認識的少年人阿健，曾在教會有一段經歷，經他同意，我記錄如下，希望工作者能從中得到一點啟發。

阿健上教會多年，是個乖孩子。他跟女友有過度親密行徑。一次導師會上，四位男導師知道了這件事，都立刻採取行動。

導師甲跟阿健不相熟。一天，他突然走到阿健面前，相約他單獨吃飯。阿健心想：「平日很少跟你交流，為何突然約我吃飯呢？」由於太唐突，阿健敷衍幾句就走開了。平日沒有建立關係，到有需要時才突然走近，使人感覺奇怪，能談上的機會自然很微。

導師乙是個年長的爸爸，跟阿健的關係總算過得去，所以阿健答應了跟他吃飯傾談。導師乙沒有表明來意，只是不斷在說理，什麼男生血氣方剛，容易越軌，又警告阿健要警醒，一大堆阿健早就在教會聽過無數次的教導，一句也沒有問過他的實況，也沒有聆聽，只是重複他已經知道卻做不到的標準。

導師丙是教會執事，阿健不敢拒絕。面談一開始，導師丙就表明來意，說：「我一向對青年人都很坦誠，所以也不瞞你，我從導師會上知道你與女友有過度親密的行為。我想你知道，我很重視你，想跟你談談，看怎樣可以幫你。」阿健聽後嚇呆了，羞恥、恐懼湧上心頭，心想：「為何事情會通了天？還有多少人知道？難怪導師甲和乙都失驚無神來找我，原來全世界都知道了！怎麼辦？我以後怎樣面對教會的導師？不如離開教會吧……」阿健感覺像被逮捕了，羞愧得很，只想儘快離開，完全不想回答導師的問題，也感覺不到導師口中所謂的坦誠及重視。如果導師真的重視阿健，理應顧及這種手法會帶來他多少難堪。而且，這種「坦誠」製造的震撼，只會將阿健推進一種不受教的情緒狀態，然後聽一切話都只當成是「警察捉賊」或「法官審犯」一般。

導師丁平日跟青年人打成一片，他每星期都會抽時間跟他們打籃球，把握場邊休息的空檔閒話家常，了解他們的情況。導師丁一直都有跟進阿健的拍拖生活。一天，他們相約吃飯，導師如常問：「最近拍拖生活如何？」阿健難以啟齒，支吾以對。導師探聽地問：「出了什麼問題嗎？」阿健忍不住道出最近被教會發現的事，導師則專注地聆聽。從對話中，導師感受到阿健的內疚，便問：「你是不想那樣做，但控制不了自己？」之後又是一會聆聽。他再問：「想做又做不到，你是否很內疚，很惱自己？」再一段聆聽。阿健表示設立拍拖的界線和道理他清楚知道，也嘗試過，但就是控制不了自己，感到很挫敗。導師記起阿健來自破碎家庭，可能因此對親密關係過分渴求以致不受控，所以他建議阿健尋求輔導，並提供了相關的資訊。阿健也很想解決問題，但求助無門，難得導師一言驚醒。阿健問導師：「你一早就知道嗎？為何不直接問我？或如其他導師一樣教訓我？」導師答：「對不起，我是知道的，不過我等你自願跟我説，不想迫你。你上教會多年，一直都很乖，那些道理相信你跟我一樣清楚！我又何必再重複？反而我最關心有什麼阻礙你，令你做不到。」阿健感覺得到諒解和尊重，也樂意接納導師的建議及鼓勵，往見輔導。

導師丁平素對阿健深入認識，成為二人的信任基礎，再配合聆聽多於説話的溝通方式，就令導師丁準確掌握阿健的狀況及需要，輕易營造出受教的氣氛。經過這一次，阿健跟導師丁的關係又進一大步。

情緒探熱針

很多導師、家長和老師都說，最難掌握的是青少年的情緒，像天氣幻變不定。你想跟他們對話，他們不是迴避，就是無言以對。不錯，如果我們無法掌握他們的心情，為他們的情緒探熱，的確難以深入對話。所以，一切從心出發。我們先認識什麼是情緒，如何開展情感對話。

情緒是

- 信息：表達內心的狀況；
- 能量：給自己能量作出相應回應；
- 溝通與互動：藉情緒表達，讓他人明白自己的反應和觀點；
- 定下反應的方向和種類：當清晰自己對事對人的反應和愛惡，便較容易作出抉擇；
- 給事情定義：藉情緒反應，明瞭事情對自己的影響力和重要性；
- 改變的目標與媒介：透過情緒作入手點，找出自我更新的方向。

情緒有用

情緒是一種能量、信息和表達，它在生活中發揮重要作用，例如：

- 憤怒：肯定自己、自衛；
- 憂傷：尋求支持、退縮；
- 厭煩：排斥；
- 羞恐：隱藏、逃避；
- 懼恥：逃跑、麻木、放棄；
- 喜樂：連結他人、投入；
- 興奮：專注、探索。

表裏層次

我們看情緒有時會流於表面，忽略了情緒的不同層次。

表面（第二）層次（Secondary Emotions）

- 較激烈、具防衛性和威脅性，例如憤怒、妒忌、不滿、煩躁；

- 高能量的情緒，令人情緒高漲，甚至會攻擊或推開對方，目的是要保護更深一層的情緒。

深入（第一）層次（Primary Emotions）

- 較軟性和脆弱，反映內在的傷害和渴求，例如憂傷、創傷、恐懼、羞恥、孤單；
- 低能量的情緒，令人退縮，可以引起別人對自己的同理心，將雙方拉近，最終連結他人。

第二層次的情緒是為了保護第一層次的脆弱情緒；第一層次就是接觸心靈深處與渴求的門戶。很多時候，人會不自覺地不斷發出第二層次的情緒，令人無法招架，大惑不解。

難以掌握的青年人情緒

我們感覺難以掌握青少年的情緒，一來他們未懂得表達，只說出很表面的感受；二來，他們未必想直接向你透露心聲。工作者想幫又幫不來，的確感到老鼠拉龜。

青少年的情緒有以下特點：

· 在生理（荷爾蒙變化）和心理影響下，情緒傾向激烈、混亂、反復；

· 情緒通常與自我形象及人際關係息息相關；

· 不懂或害怕接觸及表達，怕被拒絕；

· 羣體性的情緒，容易受羣體的觀點及情緒影響。

當你看着青年人發脾氣，會手忙腳亂，想跟他們理性分析，可是至終都不能解開他們的心結，這可能因你觸摸不到青年人的第一層次情緒。或者我們急於處理第二層情緒，以致錯失處理真正問題的機會。不過，適當的處理，可以打開他們的心窗。

如果我們先辨別出青年人表達的情緒，便可以準確估計他們對事情的看法、反應和內心需要。例如，當有青年人發怒（第二層），他背後可能是：

· 恐懼，怕被他人傷害或指責，要先下手為強；

· 對事情沒有足夠把握，感到焦慮，怒火中燒；

· 自卑，自我形象低，為掩飾內心的羞愧，只好裝腔作勢。

情緒測溫

或者你仍然覺得有一點抽象，我嘗試以 Benson 為例子說明如何一步一步進入。

Benson 看到子豪沒精打采地坐在一旁，便主動走過去，慰問他：「子豪，你沒事嗎？」

他卻說：「不知道怎講。」

當青年人不懂得表達，怎辦？ Benson 可以嘗試：

第一步：詢問情緒

「這事一定很難堪，你可以一步一步向我講嗎？」（逐步表達）

「你說的時候，有什麼感覺？」（說話過程）

「你的表情很難看，你現在的感覺如何？」（身體反應）

這時候，子豪開始略為講述情況，原來他剛剛失戀。但當 Benson 追問他的感覺時，他卻回答：「沒什麼了，我現在 OK。」

如何更深入掌握他的情緒？ Benson 可以嘗試：

第二步：反映和強調情緒

「這對你來說，應該很辛苦啊！」(指出他說不出的痛苦)

「我感覺你很孤單，見你說無礙，我更加擔心你鬱得很辛苦。」(說出他的自我掩飾)

如果青年人害怕接觸內心情緒，甚至未能察覺自己的感受，特別是第一層較深入的情緒，怎辦？

二步半：察覺情緒

「人在這種煩惱中，腦海一片空白，是正常的。」(肯定情緒，人人都有煩惱)

「見你難於啟齒，我相信你應該感到很為難，對嗎？不用怕，慢慢說。」(體諒他難以啟齒)

「見你說不出口，我都感到一份無奈，我猜你可能有這種感覺，對嗎？」(拋磚引玉)

「我知道有人在沒有先兆下收到女朋友說分手的信息，感到十分無奈、很無助，你的經歷與他相似嗎？」(旁徵博引)

最後子豪說出他感到很憤怒、很無辜，還不斷指責對方不負責任。Benson 感到手足無措，不願他的情緒過激。見他發洩了一個多小時，也無濟於事。

如何由第二層次進入第一層次？

第三步 接觸和接納內在的脆弱

「你在生她氣（第二層：憤怒），可能你怕（第一層：恐懼）她會先發制人，指責你過去的錯，對嗎？」

「你逃避（第一層：恐懼），可能因為你怕再次面對失敗的感覺（第一層：自卑），同時怕（第一層：恐懼）被她再一次羞辱（第一層：羞恥）。」

「你表面冷漠（第二層：麻木），不願再去想，可能怕（第一層：恐懼）她發覺你正傷心（第一層：傷痛），而她卻很愉快（第一層：羞恥）。」

情緒爆發

在一次講授青少年溝通的課程中，有學員問我：「探問情緒時，可能令青少年的情緒爆發與失控，一發不可收拾，怎樣避免？」不錯，探問的時候要警覺，不要使他受苦。每個人的情況、處境、風險不同，我可沒有方程式。只是要提醒，若你認為對方有一定自殺、自毀或暴力的風險，就不要探問得太徹底，他的自身安全要緊。

其次，在探問過程中，不時探詢他的感覺，例如：「我們剛才對話，你感覺如何？」或者「你 OK 嗎？要不要再談下去？」如果對方感覺不妥，就不要再深入鑽探，停在這裏，可以：

· 約定下次傾談時間（讓對方感受日後還有支援，增加安全感）；

· 問問他現在有何需要（處理即時需要）；

· 分別後，再致電問候（保障他的情況和安全，也顯出你的關心不是一時三刻）。

肯定情緒

為何這個補給站沒有介紹處理和解決情緒的手法？我認為情緒本身不是問題，並非用來解決的，而是需要明白。了解一個人的情緒，幫助他儘量表達出來才是最重要的。當人感到被明白、體諒、肯定，內心的創傷已經治好了一半。我給你的提示，是要顯出對他的好奇，很希望進入他的內心世界。而且，你之所以要掌握他的情緒，是為了使他知道，你願意明白他。

關懷的力量

你可能感到接觸第一層次的感受很困難。不錯，因為每個人都怕受傷，所以不容易揭露第一層次的感受。不過我們的目的不是要探究，而是關懷。如果你最終不能探究出什麼層次的情緒，也不要緊，最重要是能體恤他們的情況。

其實，你只需要表達出適切的關懷，青年人心裏需要的不過是被接納、認同、關注、肯定、重視、達到自己或他人的期望……這是「關愛」吧！

對人性的掌握

接觸第一層次情緒不是一種技巧，而是對人性的掌握。你有多了解人性的脆弱面？你知道人內心有多複雜嗎？人有七情六慾是何等普遍呢？只有我們對了解人有興趣，才能發現生命中的甜酸苦辣；多留意不同媒體與藝術，才有助感受靈魂的色彩是有灰暗與明亮。

同行者也有情緒

人是血肉之軀，同行者也有情緒。當我們與青年人溝通時，也要注意自己所感覺的情緒，否則我們的負面情緒也可能嚇怕青年人。負面情緒通常反映自己沒耐性，感厭煩；二來帶有防衛性，為了證明自己是對的，防衛對方的指責或攻擊。你可以留心自己的説話內容和語氣會否：

防衛性的説話：

- 帶批評性，想評核對方，只管找出對與錯：「我覺得問題在於你的做法。我已經提醒過你吧！」
- 想控制對方的行動，給太多建議：「你聽我説，你要想正面一點，不要再胡思亂想。」
- 講高層次、空泛的話：「你不開心有用嗎？其實生命就是無奈，生存就是無意義。」
- 表達冷漠和裝作中立：「我想，我不會幫你，也不會幫他。」
- 強調自己的地位和能力高於對方：「我不相信你有能力處理。」
- 表面聆聽，實在態度封閉：「我明白，但是……」

如果你發現自己出現上述情況，可能你內心已經產生點點負面情緒。你要靜下來，反省一下內在出現了什麼情緒，源於什麼因由，甚至找出你自己的內在需要。同行者也需要照顧和關懷。你先尋求幫助，才能幫助他人。

當你得到足夠支持，你也可以説出**支持青年人的話**：

- 支持對方，肯定他的內在需要：「你真的很傷心，因為你是個很重友誼的人。」
- 產生好奇，也重視細節和內容：「你幫幫我，讓我明白你多一點。」
- 針對問題，而非針對人：「不是你的問題，這件事的確會令人人都很頭痛。」
- 同理心，要明白對方，而不是教導對方：「我開始明白你的感受，我都很難過。」
- 強調對話雙方的公平對等：「如果我是你，我都可能這樣做。」
- 真正聆聽，採取開放的態度：「我知道了，我想聽你再説多一點。」

理性的同行者

有同行者對我説：「我為人理性，難以接觸青少年的情緒。」多理性的人也有情感，內心也有諸般感受和情緒，想別人喜歡自己。不過，他們傾向利用理性分析思考問題，找解決方案，着重結果。

理性的人往往實事求事，少問自己的感受和愛惡。不妨多問自己對一些人和事有什麼感受，喜歡嗎？討厭嗎？舒服嗎？去接觸你的感受吧！去接觸藝術（文學、電影、美術、音樂、舞蹈等）主觀表達吧！學習思想對方可能有什麼反應和感受，或者直接詢問：「你感覺如何？」在對人和對事之間取得平衡。

09 這原是我生命的工程

更親密不好嗎？

Benson 與另一位導師志誠吃午飯，分享照顧青少年團友的心得，期望彼此支持。

「你最近忙嗎？」Benson 問。

「有點忙吧！今晚約了恩恩在教會傾談，解答她的疑難。」

Benson 心裏一怔，立即問：「恩恩？與你認識多年的恩恩？」

「對！我看着她長大，關係情同父女。」志誠一臉得意。

Benson 之前聽到不少流言，後來又受 Ann 所托，要跟志誠説明。他看現在似乎是合適時機，便鼓足勇氣，正色道：「志誠，我聽過其他人説，你和恩恩每次聚會或崇拜中，都會坐在一起，細聲講大聲笑；我初時都不相信，但有幾次我也見到，恩恩有時會依偎在你身旁。我有點擔心，你不覺有問題嗎？而且，聽説你們有次在教會傾談，直至教會關了門，仍然流連附近的公園談心到夜深……」

志誠初時沉默，半晌才回答：「不要誤會，我們只是父女關係。」志誠的語氣竟強硬起來。

Benson 見志誠不為所動，惟有清清喉嚨，朗聲道：「恩恩離開了原來的團契，你們二人已不再是導師和團友的關係。你又剛剛結婚，如果與一個年輕女孩走得太近，總會惹來很多閒言閒語。其實，Ann 曾經勸恩恩不要再纏着你，她竟然大發雷霆，堅持一定要找你。」

「你們太緊張了。」志誠沒好氣地説。

「但是……」

「好了，我今晚會向恩恩説清楚。」志誠的飯未吃到一半，便氣沖沖地走了。

Benson 呆坐餐廳，悶悶不樂，心裏困惱。他一直視志誠為哥哥，在導師的工作上，總是請教他。今日，面對志誠的問題，Benson 不知如何啟齒，恐怕破壞彼此的關係。眼見恩恩漸漸與他人愈來愈疏遠，遇上問題都不肯跟身邊人商量，只會找着志誠導師，對恩恩都不是好事，想着想着，Benson 心裏既焦慮又難過。

我們的關係情同父女。

同行者與青少年的關係有時充滿矛盾，我們既想與他們關係更緊密，但又要謹慎不可越界。

這麼遠，那麼近

人際關係很微妙，之間有一條無形的線連繫着。有些線較幼，雙方的關係似乎不太親密，交流不深，損害關係的風險也不大；有些線卻挺粗的，關係密切，交流深入，可是「愛」得深也「傷」得深。如果人能夠清晰把握那些線，認清與不同人的相處模式和深入程度，傷害自不會太深。例如，未得別人同意，隨意走入別人的工作間，或偷看別人的東西或手機資料等，都是僭越別人的界線。這條稱為關係的界線擔當了兩個角色。

功能性：每個人在羣體內都有自己的角色，代表人的功能，即權與責。例如你是傳道人或教會導師，就有責任指示教會會友參與聚會要準時等。角色的權與責也給予人身分和地位，例如傳道人因為要肩負很多責任，把上帝的信息供給會眾，所以倍受會眾敬重。譬如志誠和 Benson 身為導師，就是要幫助青年人成長了。

親密性：親密性是心靈的距離，代表對方在你心中的重要性，地位有多高。人會因應這距離，以不同的形式去建立和維繫這段關係。例如，我們會與比較親密的人擁抱，分享深入的感受，共享自己所有等。

親密性另一重要考量是性別差異，異性交往，有可能發展或升華至「愛」與「性」的關係，超出普通和友誼關係。關係愈深，傷害也愈深。近年同性戀愈見普遍，意味着同性關係也會走向超友誼的地步，不過本書不打算作深入探討。總而言之，導師對人際關係的親密性要多加留意。

我越界了嗎？

我曾聽過不少傷心例子：單身男導師沒有保持應有的界線，最終令女團友誤會以至迷戀。當導師想抽身離開時，女團友卻崩潰起來。像故事中的志誠，已婚，一心以為只是「父女」關係，陪伴恩恩成長、解答她問題，沒有親暱行為，結果在這種所謂的「父女關係」掩飾下自欺，一步一步走向情侶關係還不自知，最終導致婚外情，破壞婚姻。所以，即使你對自己十萬個信任，也不能要輕忽青年人的軟弱。

以下有一些具體的行為指標，讓你檢視自己，也檢視青年人，看看你們的關係是否已經超出應有的距離。如符合了多項，不要遲疑，儘快正視吧！

1. 經常「煲電話粥」超過一小時（尤其在晚上）。

2. 若對方不回覆電話、電郵、短訊會感到失落。

3. 差不多每天都在網上溝通。

4. 密切留意對方社交網站上的任何更新。

5. 讓對方知道自己的行蹤（例如以短訊報到）。

6. 經常有小禮物、書籤、書信往來。

7. 飲同一支飲品不覺得有問題，且有親密的感覺。

8. 你倆出現的場合，會有默契地坐在一起。

9. 一同坐時想或會依偎着對方。

10. 想單獨食飯，不想有第三者加入。

11. 提及對方另一半（或心儀對象）時會不自然。

12. 對對方另一半（或心儀對象）心生妒忌。

13. 每次遇上困難，首先會想到找對方。

14. 感到常常需要關心對方。

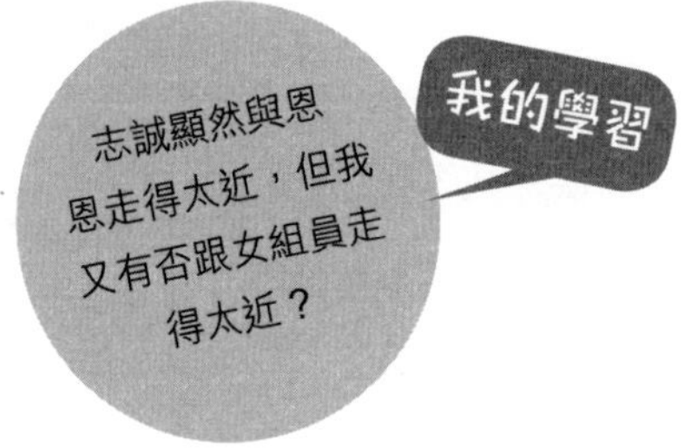

拆解少年心

與一個年輕女孩走得太近，總會惹來很多閒言閒語。

青少年的軟弱

有些工作者為了與青少年打成一片，會「不分彼此」，任由青年人「無大無細」，甚至容忍他們的惡意取笑揶揄。促進關係是好事，但越了界的「不分你我」，就無法教導青少年人際間界線的重要性，他們若不懂得彼此尊重和尊重別人私隱，會大大破壞他們的人際關係。

同行者與青少年容易失去清晰的界線。譬如男導師對某異性過分關懷和照顧、長時間單獨相處等。結果，親密界線變得模糊不清，容易被扭曲發展成導師團友的曖昧關係。至於身體接觸更要格外小心，有時男導師容讓異性青少年「攬頭攬頸」，或有密切的身體接觸。要知道青年人跟異性有親密身體接觸的經驗不多，所以他們容易對一個你以為平常的動作產生特別的感覺，甚至勾起男女感情方面的聯想。即使你是女導師，也要提防與男組員的身體接觸，因為少年人戀上溫柔體貼、善解人意的女導師的個案並不罕見。

愛的界線

我並非要同行者對青少年尊卑分明，不過恐怕青少年會有意無意失卻了對人的基本尊重。

界線是對自己和他人的尊重。尊重每個人都有自己的身體、心靈、空間、私隱。你尊重自己，不容他人侵犯的東西。同樣，你也會不問他人意願，而隨意冒犯。

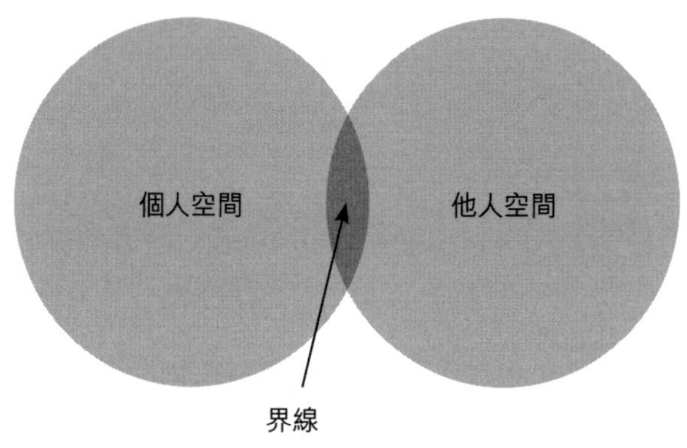

每個人生命中都有自己的空間，空間與空間存在界線（重疊地方）。界線多闊視乎你與對方的關係深淺。

在青少年階段學習界線，對他們成長有莫大益處，界線不是與生俱來的，是透過成長和生活中自然學會，就如學母語一樣。羣體建立須要透過平日的相處和適切的教導，嘗試將關係界線的信息透過教導或活動，傳遞給青少年，因為青年人可能在家庭中未得到足夠的教導和指引。另外，同行者以身作則也是最佳的「教學工具」。

我的學習

界線其實不是指跟他人劃清界線，而是對自己對他人的尊重。設立界線，是為了保護對方。

我會向恩恩說清楚。

當工作者與青年人的界線模糊了，工作者也要察看個人狀況，我透過一些個人觀察和與導師的分享中，歸納幾個可能性。

個人性

表現自己：以為與青年人愈親密就愈「成功」，是個出色的工作者，可以引人注意和愛戴，骨子裏其實是想表現自己，以此彌補低落的自我形象。

有求必應：以為萬大事包在自己身上，不懂得與他人分工，對來自同性和異性的要求和需要，都來者不拒。

無知：成長期沒有學曉關係的界線，以致界線概念模糊；也可能自小在外地長大，不了解本地文化。

不懂與同性相處：自小甚少與同性交往，不懂與同性找話題，沒有共同嗜好。例如有些男性比較文靜，甚少運動，比較喜歡談心，難以打入男生的圈子，然後移向女性圈子，漸漸忽略了應有的界線。

依附與投射：自己在親密關係上（單身或婚姻問題）不滿足，或者自小被父母或其中一人忽略，對愛和相依有種不健康和過火的渴求，無法滿足；漸漸便將注意力放到其他異性身上，產生依附或錯誤投射而不自知。

以上幾項都有共通點，就是源於個人成長和親密關係障礙的投射。生命影響生命，青少年工作者先要關注自己的成長，不斷反省和突破，增加對界線的敏感度，在關係上要有適當的判別和選擇。另外，要積極改善自己的親密關係（如親情和愛情），切勿將自己的問題「投射」到青少年身上。

羣體性

羣體內缺乏某一性別的導師：「陽盛陰衰」或「陰盛陽衰」，男導師要照顧女團友，事無大小，也要一一兼顧，連心事都「關你事」，男女難免走得太接近。另外，有時因女導師無法有效關顧女團友需要，而令女團友寧願選擇男導師。

風氣：如果羣體的文化和風氣比較開放，男女界線比較寬鬆，例如聚會或活動時經常鼓勵擁抱，不論性別都深入分享，營會時男女不分房間，也可能出現界線問題。

我明白每個羣體都有個別的特性和歷史，以致演變出今日的模樣。但這不代表我們不用反思和判別，青少年同行者更要認真判斷，認清怎樣的羣體文化土壤，才能幫青少年健康成長。

如何劃界？

自我檢視：檢視自己與同性及與異性關係，滿意嗎？要改善嗎？檢視自己的盲點時，會否發覺與某個異性團友的相處比與其他團友多？會否與一個異性團友交往時，感覺特別滿足？又或者有否發覺最近有一某個異性青年人特別喜歡親近你，跟你談很多深入的事，無緣無故獻殷勤，送你禮物等？總之，永不要對自己太有信心，以為問題一定不會發生在你身上，寧可謹慎，也不要讓自己有機會傷害青年人。尤其是女組員對男導師，那種依附關係所帶來的重創更是男性永遠無法想像的。

透明度：避免與異性獨處，不要單獨赴會或邀請對方到訪家中，必要時邀請其他人一起來；多與其他同工分享工作情況，既可增加透明度，又讓別人成為你一面鏡子。

分工：本書重複強調，沒有人能完成所有事、照顧所有人的需要。我們只是要按才幹和恩賜分工，也按神所造的性別去分工。別因一個青年人與你關係密切，就認定自己是對方不可或缺的「生命成長拯救者」。要緊記，能夠叫青年人成長的不只你一人。我們要以開放的心懷，與其他同工一起學習照顧青少年。

建立青少年勝過個人榮辱：有時候，同行者會跌入矛盾中。如果我們太避忌界線，就難建立關係，或者令青少年失望。請緊記：同行者並非要滿足個人的需要，也不能滿足青少年所有需要，我們不過是引導他們走正路，最終目的是令青年人離開你的蔭庇。這個目標有助你做好每一個決定。

我的學習

我以為作導師是培育青少年，但原來我的生命內涵會阻礙這目標，惟有生命更新，我才能做好。

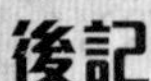

後記

Benson 和 Ann 經過幾年的磨練，在與青少年溝通方面已得心應手，面對任何處境都手到拿來，小組的青年人對他們敬愛有加，無所不談……

這不可能是故事結局。其實我們走過不少冤枉路，碰過很多釘子；無論多少年過去，我們惟一確定的，是走在與青少年同行的路上，不斷學習、不斷自我檢視、不斷修正、不斷成長……

我相信只有我們的生命成長，才能與青年人一起成長。

同行者的成長歷程

在結語，我不想再寫技巧、道理，反而想分享三段我服侍青年人的經歷。

小媽媽

2002 年我仍是個初出茅廬的青少年工作者，技巧幼嫩，單有一顆愛青年人的心。那年暑假，我在一個七日六夜的營會中擔任小組導師，夥拍一個被稱為經驗豐富的男導師。當時我自知欠缺經驗，惟將勤補拙，對組員照顧周到。還記得當時我走遍每個組員的房間，替他們檢查熱水、冷氣等等，活像一個小媽媽。當時我一心想滿足青年人的需要，實情是被他們牽着鼻子走，照顧十個組員的需要把我拉扯得很辛苦。

青少年工作不是你努力付出就有回報，還要看你付出的是否恰當。我的努力青年人沒有看在眼裏，他們反而埋怨我的拍檔沒有將活動帶得很好玩，消費者心態顯露無遺。記得最後一晚，我難過得失眠，不斷怪責自己，檢討自己，也質疑自己是否適合做青少年工作，但那次慘痛的經驗卻成為我很大的提醒。蔡元雲醫生經常教導「突破」同工，青少年工作不是去 entertain（娛樂）青年人，而是去啟發、引導他們。這次，我慘痛地碰釘了，也牢牢地記住。

代禱者

五年之後，2007 年的暑假，我到加拿大參加一個華人青少年營會，同樣是擔當小組導師。經過五年的成長，我已經不會再費神去「娛樂」或「照顧」青年人，反而我將精力放在觀察他們的性格、特質及成長需要上。每天完了營會的指定活動後，我不再為爭取與他們親近而陪他們玩至通宵達旦。我把握時間回到房間安靜，思考組員之間的互動及各人的狀況，並逐一為他們提名代禱。

足夠的休息及心靈空間有助我掌握各人的需要及之間的互動，更重要的是我不再以組員的反應、得着來評價自己成功與否，我也不再重視組員是否愛戴我、感激我。我相信生命單單屬於上帝，當我願意謙卑、放手、交託，生命的奇蹟才能出現。感謝天父，那次帶組的結果是我服侍青年人以來最理想的，也確立了我服侍青年人應有的心態。

未完的生命工程

五年後的暑假，寫這本書期間，我決定告別帶了四年的教會青少年小組。我在小組的網上羣組交代了決定，並期待着他們的反應。結果，除了在外國讀書的組員之外，香港全部組員都沒有反應，我失望極了！心裏不禁問：「為何我帶的組員會那麼冷漠？我是否很失敗？我還寫書教人牧養青少年嗎？」看！我不過是普通人，有跟讀者一樣的矛盾及失望。

後來我發現真相了，原來他們不曉得怎樣回應，也不可能 LIKE 我的留言，所以沒作半點反應。有人甚至傻得以為忽視我的留言就可以當無事發生，我會繼續擔任他們的導師。看！青年人的想法真是層出不窮，「估佢唔到」！再隔一段時間，他們消化了消息，我收到部分人的親筆信。

這次經驗再提醒我，即使經驗再豐富，也不能完全掌握青年人的心態。面對生命，我必須時刻保持謙卑，別太信任自己的經驗。在未弄清楚事實之前，先不要憑外顯行為去判斷青年人。

本書不斷強調，青少年工作者除了帶領青年人成長之外，更重要的是自己成長。如果要我給讀者最後的祕訣，還是謙卑、放手、交託。因為經驗豐富的工作者也有處理不來的個案，而青年人的成長更不可能永遠向好，他們老是反反復復的。所以，我們必先在上帝裏成長，支取心力，否則你很容易就「激到嘔血」退下戰線。只有在祂裏面你才會找到更多祕訣！

共勉之！

不可能的使命

我與故事中的 Benson 和 Ann 一樣，在與青少年同行的路上跌跌碰碰，幸好，我有同行者，也有信仰支持我去堅持。我又要如何給你們最後的勉勵呢？

《聖經．馬太福音》（十 1-14）記載了耶穌呼召門徒的一幕：

「耶穌叫了十二個門徒來、給他們權柄、能趕逐污鬼、並醫治各樣的病症。這十二使徒的名……隨走隨傳、說、天國近了。醫治病人、叫死人復活、叫長大痲瘋的潔淨、把鬼趕出去．你們白白的得來、也要白白的捨去。腰袋裏、不要帶金銀銅錢。行路不要帶口袋、不要帶兩件褂子、也不要帶鞋和枴杖．因為工人得飲食、是應當的……那家若配得平安、你們所求的平安、就必臨到那家．若不配得、你們所求的平安仍歸你們。凡不接待你們、不聽你們話的人、你們離開那家、或是那城的時候、就把腳上的塵土跺下去。」

不可能的工作

耶穌竟然呼召（call）門徒去做在人不可能的工作（mission impossible），不是四出傳道，就是醫病趕鬼，叫死人復活。耶穌在開玩笑吧，似乎忘記了門徒並非醫生或者驅魔人。他們是誰？販夫酒卒，漁民、會計、公務員，甚至社運分子，不過是烏合之眾。正如你也會暗忖自己不過是平凡人，竟然去做青少年的生命工程，的確是人不可能的事。1996-97 年左右，我在一次街頭佈道中認識了幾個小五、六的「街童」，並領了他們信主。當時，我們幾個導師有感動要為他們成立一個「團契」。當時我們沒有半點經驗，不過，從此就開始了我的團契導師生涯。之後，我分別有機會服侍初中、高中，甚至初出社會的青年人。其實，我並沒接受過什麼裝備，神叫我去，我就一腔熱誠去嘗試。

今天青少年的困境多不勝數，有些「個案」，你簡直聞所未聞，也想像不到。但今天你已上了船，便儘管去做，你不比門徒差勁，因祂已經給你「權柄」。「權柄」不是你的權力，是祂在人身上的能力。

不是你的工作

耶穌吩咐門徒不要走外邦人的路，只要回到自己同胞那裏去傳好信息。你的青少年鄰舍在哪裏？去服侍他們吧。你身邊的青少年是你最熟識的，他們也認識你。從這裏開始吧！

耶穌曾警告不要帶金銀銅錢、不要帶口袋、不要帶兩件褂子、也不要帶鞋和枴杖，當你有一刻發覺法寶用盡，都沒半點功效，青少年仍然不聽你，且問題多多，便會歎氣：「我有很多限制！」恭喜你！你已經進入服侍青少年的核心，就是一無所恃，只靠耶穌。這就是謙卑。以前我接觸初中生，即使絞盡腦汁，要找出新奇、有趣、吸引的點子，至終江郎才盡；面對低動力的青年人，即使花光力氣，嘗試推動他們，最終只有灰心。其實，我也吃過不少閉門羹，生過不少的氣，也受過不少人的氣。我漸漸明白，進入青少年的苦難，跟你自己苦難的盡頭，耶穌正站在這一端等候你們。青少年工作，不是你的工作，是祂的工作。這是恩典之路。

不盯着結果的工作

接着耶穌提到兩類人：一類是接受你的，彼此關係平平安安；另一類是不接受你的，更要趕你走，使你碰得一鼻子灰。你希望所有青少年都接受你嗎？對不起！現實不會如此。你有你的獨特氣質，可以吸引一類青少年，但就不會受另一類歡迎。一方面，神接納也使用你的獨特氣質，另一方面，耶穌的真正意思是，要你接納在青少年工作中有不同結果，或高或低，或歡喜或失意。青少年工作歷程漫長，你未必可以親眼看見工作的果效，無法看到青少年的明顯轉變。有時候，你只有默默耕耘，卻由他人收割。我曾花了幾年時間悉心栽培一羣初中生，可惜兩三年間他們消失得無影無蹤，令我很灰心。幾年後，我發現部分回流，部分走到其他教會。又幾年後，有些已經成為人師，有些更夢想成為宣教士。事實上，我可以掌握的結果有多少？沒有。事工的目標不是「結果」。當眼睛盯着結果，你容易迷失。結果在神的手裏，我們不過是過程中流通的管子。

相信你會同意，青少年事工是滿有活力和衝勁，也令你變得年輕起來。起碼你的衣着打扮，言談舉止，都不會再老套。Let's have fun！你會很享受的。

每次我看見青年人，都雙眼發亮，心裏火熱，又重新邁步。我們一起努力堅持這使命吧！

你的弟兄

Ringo

栽培新一代系列最新書目

書名	作者
我家孩子不一樣 —— 特殊教育需要子女的治療與成長	羅健文
當男孩長成少男	林沙
當子女說你好煩 —— 與青少年溝通的技法和心法	伍詠光、葉玉珮
成長體驗 Debriefing（增訂版）	鄧淑英、麥淑華
給孩子 50 種幸福生活	吳思源
生命的超越 —— 歷奇輔導的再思	李德誠
網絡孩子 —— 父母教養新思維	上官賢恩編著
不信贏在起跑線	吳思源
牧養新世代	蔡元雲、謝文策
折翼孩子能飛	師徒創路學堂師生
聖經的教養智慧	上官賢恩
荒島校長的教子祕笈	陳兆焯
教壞細路 —— 荒島校長的教育筆記	陳兆焯
孩子不難教	余慧明、劉振國
敢夢想飛 —— Young life 召命導航手冊	蔡元雲
玩創未來 —— 創路達人遊戲攻略 70 篇	鄧淑英、黃嘉儀、李潔卿、李樑林、梁裕宏
哪個孩子不出色	梁永泰
追風箏的父母	霍玉蓮
《聖經》中的經典言說	李錦洪
源心繪 —— 在塗鴉中發現自己	董謝小華
啟動羣體生命力 —— 小組訓練 10 課	區祥江
創路達人の從零開始	鄧淑英、梁裕宏、黃嘉儀、李潔卿
生命軌迹 —— 13 個助人自助的成長關鍵	區祥江
溝通演說 26 式 —— 從 A 至 Z 教你說得好	李錦洪
一個都不能少 —— 再思青少年的成長與牧養	蔡元雲